어른의
품격

어른의 품격

초판 1쇄 발행 2020년 2월 22일

지은이 김정웅
발행인 김신희
편 집 김신희
디자인 롬디

발행처 포스트락
출판등록 제2017-000052호
주 소 (07299) 서울 영등포구 경인로 775 에이스하이테크시티 1동 803-28호
문의 및 투고 post-rock@naver.com
인 쇄 천일문화사

ISBN 979-11-960916-6-8 03190
값 15,000원

어른답지 못한
어른들이 만든 세상에서
진짜 어른으로
살아가는 법

어른의
품격

김정웅 지음

포스트락
POST樂

나는 얼마나 어른스러운 사람일까?

01

그렇다면 당장, 우리가 할 수 있고 해야 할 일은 무엇일까? 적어도 '어른다운 어른'이 되어, 어른으로서의 '자격'을 갖추는 것이다. 하지만 자격만으로는 무언가 조금 부족해 보인다. 자격에는 단순히 어떠한 기준의 충족이라는 한계가 있기 때문이다. 행복을 실제로 거머쥐고 싶다면 이를 뛰어넘는 의지와 실행력이 필요하다. 어린아이가 아닌, 어른으로서 성장을 거듭하고 한발 더 나아가 단순한 자격을 뛰어난 '품격(品格)'으로까지 끌어올린다면 어떨까?

며칠 전 친구에게 전화가 왔다. 인생에서 가장 빛나는 시기 스무 살을, 햇볕조차 구경하기 힘든 재수 학원에서 함께 동고동락하며 보낸 친구였다. 하지만 마지막 만남이 언제였는지 기억조차 안 날 만큼 오랫동안 못 본 탓일까. 나는 왠지 어색한 기분이 들어 몇 번의 망설임 끝에 전화를 받지 않았다. 그리고는 전화를 받지 않은 이유에 대해 잠시 고민해 보았다.

'전화를 건 이유야 뻔하겠지. 결혼한다는 얘기 아니겠어? 아, 만일 안 좋은 일 때문이라면? 그 친구 어머니가 지병이 있었다고 들었었는데…. 에이, 그건 아니겠지. 그랬으면 문자나 카톡을 보냈을 거야. 아니면, 돈 빌려 달라는 건가. 매번 회사 그만두고 자기 사업 할 거라고 큰소리 탕탕 쳤었잖아. 물론 그렇다 해도 내가 남을 도와줄 형편은 아니고…. 그런데 꼭 무슨 일이 있어야 전화하는 건 아니잖아? 우리가 그런 사이는 아니었는데 말이야. 그래도 전화 받기는 왠지 갑갑하다. 결혼 얘기, 일 얘기, 맨날 듣는 소리만 또 서로 주고받겠지. 세상 살아가는 거 다 똑같고 다 힘든데 오랜만에 서로 반가운 목소리 좀 듣는다고 힘이 되겠어?

그 고민은 공기를 무겁게 만들었고 나는 어깨가 처질 대로 처지고 말았다. 그렇게 멍한 상태에서 잠시 허공만 응시하다가 퍼뜩 정신이 들었다. 고민 같지도 않은 그 고민 때문에 우울한 마음이 들고 일이 손에 잡히지 않는다는 사실 자체에 화가 났고, 이건 아니라는 생각이 들었다. 나는 곧바로 그 친구에게 전화를 걸었다.

다행스럽게도 친구는 무척이나 밝은 목소리로 전화를 받았다. 더 다행스럽게도 친구는 돈이나 가족에 관해 안 좋은 이야기는 일절 꺼내지 않았다. 그저 내 목소리가 듣고 싶다는 게 전부였다. "뭐, 별일은 없고?"라는 나의 질문에 그 친구는 "별일이 뭐가 있겠냐? 사는 게 다 똑같지."라며 스무 살 그때처럼 여전히 밝게 웃었다. 친구에게 미안한 마음이 들었고 한편으로는 '내가 신경과민인가?' 하는 걱정도 들었다. 우선 어두운 생각들은 미뤄두고 기왕 말이 나온 김에 곧장 술 약속을 잡았다. 며칠 후 그 친구와 나를 비롯해 총 네 명의 친구가 몇 년 만에 회포를 풀었다.

술자리는 제법 즐거웠다. 마치 스무 살 때로 돌아가기라도 한 듯 우리는 시간 가는 줄도 모르고 쉴 새 없이 이야기를 나눴다. 그때 내가 사실은 누구누구를 좋아했었다는 뜻밖의 고백을 비롯하여 새록새록 갖은 추억들이 분위기를 달구었다. 나는 이렇게 즐거운 자리를 마련해 준 친구에게 마음속으로 다시 사과를 했다.

술자리가 점점 무르익자 대화의 주제는 과거에서 현재로 옮겨 왔다. 정치 얘기로 조금 목소리가 격앙되기도 했고, 현재 자신이 속한 분야가 얼마나 어려운 상황에 처했는지에 대한 토로가 나올 때는 다들 공감을 표했다. 이제 다들 마흔을 눈앞에 둔지라, 다시 말해 사회에서 어느 정도 위치에 오른지라 '관계'에 대한 이야기도 제법 오래 오갔다. 그중에서도 직장 내에서의 상하 관계가 주를 이뤘다.

결론은 이랬다. 사회에 나가 보니 '윗사람'답지 못한 사람이 너무 많다는 것이다. 사실 이에 대해 길게 설명할 필요는 없어 보인다. 그 누구나 사회생활에 접어드는 순간 가족과 학교라는, 익숙했던 울타리를 벗어나 '생경生硬한 관계를 하나씩 맺어 나간다(이 '생경'이라는 단어에 대해서는 다음 에피소드에서 자세히 다룬다). 가정이나 학교에서도 나이나 성적에 따라 다소간의 서열이 존재하게 되지만 일단 사회에 발을 내딛고 회사에 들어서게 되면 생면부지의 사람들이 만들어 놓은 피라미드의 가장 아래에 놓이게 된다. 그 피라미드는 무척이나 커다랗고 견고해서 상대가 누가 됐든 먼저 중압감을 느낄 수밖에 없다. 어느 정도 사회생활을 해 본 사람이라면 다들 느껴 봤을 감정. 그 피라미드의 꼭대기를 한참 올려봤던 기억이 누구에게나 있지 않은가?

나를 포함하여 술자리에 모인 친구들은 하는 일은 다 달라도 10년 이상 그 피라미드를 맨몸으로 기어 올라왔다. 그 험난한 길을 걸으며 가장 자신을 힘들게 했던 부분이 바로 사람, 특히 윗사람이라는 이야기였다. 물론 좋은 상사가 아예 없지는 않다. 분명 믿고 따를 만하고 가족이나 친구 이상으로 힘이 되는 사람도 있다. 하지만 회사생활 관련 기사의 댓글이나 사회인들이 많이 몰리는 인터넷 커뮤니티를 조금만 뒤져 봐도 윗사람에 대한 아랫사람들의 시각은 거의 비슷하다. 그들은 '무척이나 거만하고 위선적이고 일도 잘 못하면서 할 줄 아는 거라곤 잘난 척과 소리 지르는 게 전부인 데다가 성격이 하나같이 이상한 사람'이라는 것이다.

술자리 분위기도 별반 다르지 않았다. 상사에게 억울하고 부당한 대우를 누가 더 많이 당했는지 대결이라도 하듯, 굴욕적인 경험담이 쏟아졌다. 그러한 일들이 벌어질 수밖에 없는 까닭을 누구는 상사 개인의 문제로 한정했고, 누구는 한국 사회에 뿌리 깊게 자리한 유교 문화와 물질 만능주의가 원인이라고 짚었다. 또한 그러한 역경이 닥칠 때마다 어떻게 이겨 냈는지에 대한 자신들만의 노하우도 함께 늘어놓았다. 거기에는 이 험난한 사회생활에 무사히 적응하고 현재의 자리에 올랐다는 자부심도 포함돼 있었다.

2차로 자리를 옮기고 나서도 '사람'에 대한 성토는 계속되었다. 그런데 이번에는 윗사람이 아니라 '아랫사람'이었다. 자신이 윗사람이 되어 아랫사람들을 둬 보니 당시 자신을 못살게 굴었던 상사들의 심정이 이해가 간다는 이야기였다. 요즘 젊은이들은 '노력과 끈기가 부족하고 꿈과 열정이라고는 찾아볼 수 없고 윗사람을 무시하고 오로지 자기 자신밖에 모르는 사람'이라는 의견에, 조금씩 이견은 있어도 다들 동의하는 모습이었다. 나 역시 대여섯의 부하 직원을 이끌고 몇 년간 하나의 팀을 이끌었던 입장으로서 고개를 끄덕이기는 했지만, 솔직히 말하자면 마음속으로는 친구들의 의견에 동의하기 힘들었다. 왜냐하면 그 아랫사람은 '어른들이 만들어 놓은 세상에서, 오롯이 어른들의 가르침을 받고, 이제 막 성인成人이 되어 사회에 첫발을 내디뎠을 뿐'이기 때문이다.

성인은 사전적으로 "자라서 어른이 된 사람. 보통 만 19세 이상의 남녀"를 일컫는다. 그 누구나 만 19세가 되면 실제로 성인이 된다. 그렇다면 성인이 되었다고 해서 진정한 의미의 '어른'이 되었다고 할 수 있을까? 지금 이 책을 읽고 있는 여러분은 어떤가? 사전적으로는 분명 어른이 되었지만 '사회적'으로도 어른이 되었다고 자부할 수 있을까?

요즘 세상을 들여다보면 과연 어른들이 만들어 놓은 그 '사회'

라는 곳이 얼마나 이상理想과는 거리가 먼 곳인지 절실하게 깨닫
곤 한다. 초등학교에 입학하여 고등학교를 졸업하기까지 도덕과
윤리 교과서에서 배웠던 '이상적인 인간상'과는 정반대 편에 있을
것만 같은 어른들로 가득한 곳이 바로 사회라는 생각을 떨칠 수
없다. 굳이 사회 전체를 자세히 들여다볼 필요도 없다. 주변만 살
펴도 그런 사람들이 넘친다. 회사에 들어가든 본인의 사업을 하
든 당장의 생계를 위해 맺을 수밖에 없는 다양한 관계 속에서 우
리는 얼마나 '사람'에게 수없이 실망을 하던가. 가장 아늑하고 안
전한 장소가 되어야 할 '가정'이라는 울타리 안에서 받는 상처는
쓰라림을 넘어 고통스럽기까지 하다. 말 그대로 사전적으로만 어
른일 뿐이지, 세상은 어른답지 못한 어른들로 넘쳐 난다.

　어른답지 못한 어른들이 주도하여 만든 대한민국 사회의 현실
은 참담하다. 그 끝을 알 수 없는 경기 침체는 도무지 답이 보이지
않는다. 초고령화 시대가 코앞에 닥쳤건만 출산율은 세계 최저
수준으로 떨어졌고 인구 감소로 인해 몇십 년 후에는 국가 존립
을 걱정해야 할 판국이다. 양질의 일자리는 점점 줄어들고 빈부
격차는 날이 갈수록 심각해진다. 수많은 젊은이들은 꿈을 포기하
고 목표를 상실한 채 하릴없이 방황한다. 착하거나 정직하면 바
보 취급을 받고, 오직 등수와 그에 따르는 힘으로만 사람이 평가
를 받는 세상. 힘 있는 자들은 마음껏 권력을 휘두르고, 힘없는 자

들은 매번 무릎을 꿇는 세상. 그저 평범하게라도 살고 싶지만 그마저도 쉽사리 허용하지 않는 세상이 바로 현실이다.

큰 틀에서 사회 구조적 문제들이 단번에 해결된다면 형편이 좀 더 나아지겠지만 전망이 어둡기만 하다. 그렇다고 정치인들을 비롯한 일부 권력 계층에게만 맡겨 두기에는 지금껏 우리가 그들에게 받은 실망감을 생각하면 이 역시 기대하기 힘들다. 행복이란 '어쩌다, 저절로 굴러 들어오는' 행운이 아니다. 상황이 어려우면 어려울수록 믿을 것은 우리 자신밖에 없으며, 결국 행복한 삶은 자기 자신의 손으로 일구어야 한다.

삶의 만족도를 측정할 수 있는 절대적인 척도는 없다. 돈으로 얼마든지 행복을 살 수 있다고들 말하지만 돈은 행복의 척도가 될 수 없거니와, 설사 그렇다 하더라도 요즘 같은 세상에서는 갑자기 일확천금이 머리 위로 떨어지지 않는 이상 평범한 사람들이 경제적으로 획기적인 반전을 이루기란 무척 어렵다. 더군다나 많은 사람들이 어른답지 못한 어른으로 돌변하는 가장 큰 이유는 그 '돈'에 있다. 돈으로 사는 행복은 '남들보다'를 전제로 한다. 돈으로 사는 행복에는 '모두 함께'가 없다. '나 먼저, 나 혼자' 행복하게 살겠다는 욕심으로 가득 찬, 어른답지 못한 어른들이 그렇게 이 세상을 병들게 만들고 있다.

그렇다면 당장, 우리가 할 수 있고 해야 할 일은 무엇일까? 적어도 '어른다운 어른'이 되어, 어른으로서의 '자격'을 갖추는 것이다. 하지만 자격만으로는 무언가 조금 부족해 보인다. 자격에는 단순히 어떠한 기준의 충족이라는 한계가 있기 때문이다. 행복을 실제로 거머쥐고 싶다면 이를 뛰어넘는 의지와 실행력이 필요하다. 어린아이가 아닌, 어른으로서 성장을 거듭하고 한발 더 나아가 단순한 자격을 뛰어난 '품격品格'으로까지 끌어올린다면 어떨까?

품격이라고 하면 좀 어려울지 모르겠지만 자존감自尊感, 즉 "스스로 품위를 지키고 자기를 존중하는 마음"이라고 생각하면 이해가 쉬울 듯하다. 품격은 다른 모든 동물과 구분되는, 인간만의 고유한 특성이자 능력이다. 품격을 갖춰야만 우리는 비로소 인간다운 인간으로서 인정받을 수 있으며, 품격을 저버린다면 스스로 인간다운 삶을 포기하는 것이다. 아무리 돈이 많아도 품격이 없다면 그는 누구에게도 존중받지 못한다. 하지만 가진 돈이 많든 적든, 어떠한 상황 속에 있든 품격을 유지하는 사람은 누구에게나 존중을 받는다. 품격이야말로 행복의 척도에 가장 근접한 개념이다. 나에게 힘이 있든 없든, 돈이 많든 적든, 어떠한 상황 속에 있더라도, 인간다운, 어른다운 '품격'을 유지하는 것이다.

석가모니는 탄생의 순간 "천상천하 유아독존天上天下 唯我獨尊!"이라고 외쳤다. 말 그대로 이 책을 읽고 있는 여러분을 포함하여 이 세상 누구에게나 자기 자신보다 더 존귀尊貴한 존재는 없다. 그런데 요즘 들어 버거운 세상살이 탓인지 많은 이들의 자존감이 바닥에 떨어졌다. 특히 끊임없이 자존감을 흔드는 '관계'들은 품격을 유지하기 어렵게 만들고 있다. 관계란 오직 타인과의 관계만을 의미하지 않는다. 자신이 몸담은 조직을 비롯한 여러 공동체와의 관계, 업무나 취미와의 관계, 감정과 욕망과의 관계, 세상을 지배하는 도덕과 법과 이데올로기와의 관계 등 모든 관계를 포함한다. 무인도에서 홀로 자급자족하며 살지 않는 이상 인간은 태어난 순간부터 죽을 때까지 공동체 속에서 평생 다양한 관계에 의존하며 살아갈 수밖에 없다. 자존감을 높여 품격을 유지하고 싶다면 먼저 삶을 흔드는 관계들을 능숙하게 컨트롤할 수 있어야 한다.

삶의 문제는 결국 관계의 문제다. 매번 마주하는 관계를 올바르게 맺어 자존감이 흔들리지 않게 하고, 이를 바탕으로 삶의 품격을 높여야 한다. 그것이 행복해지기 위해 지금 당장, 우리가 실행할 수 있는 최선의 행동이다.

이제 막 세상을 배워 나가는 열 살짜리 어린아이들 앞에서 늘 당당할 수 있으며, 인간다움을 포기하게 만드는 온갖 유혹과 부조

리한 요구에 맞설 수 있는 어른. 사전적 의미의 어른을 넘어 '사회
적으로 누구에게나 인정을 받는 어른'이 될 만큼의 '품격'을 갖추
기 위해 무엇을 해야 할지, 지금부터 하나씩 살펴보도록 하자.

'생경'을 넘어서면 어른이 된다

사회란 그런 곳이다. 생경이라는 단어를 통해 살펴보았듯이 '부족한 경험으로 인해 물정에 어두워 발생하는 어색한 언행, 이 때문에 생기는 소통상의 문제와 관계의 트러블을 어떻게 극복하느냐'가 바로 사회생활의 핵심이라 할 수 있다. 좀 더 요약하자면 생경함에서 오는 관계의 문제를 잘 해결해 나가는 사람이 바로 사회생활을 잘하는 사람이라고 할 수 있다.

단순히 사전적 어른이 아닌, 사회적으로 누구에게나 인정받을 수 있는 어른이 되고자 한다며 어떻게 해야 할까? 그저 질문 자체만 놓고 보면 생각보다 해법은 단순하다. 우선 사회가 어떤 곳인지를 먼저 면밀하게 파악해야 하고, 사회가 요구하는 어른으로서의 품격을 갖추는 것이다.

물론 이 복잡다단하면서도 하루가 다르게 변해 가는 세상을 정의하기란 쉽지 않다. 하지만 조금 범위를 좁혀, 이제 막 사회에 진입하거나 진입을 기다리고 있는 이들의 입장에서 이 세상이란 곳을 바라본다면 그렇게 어렵지만은 않다. 그럴 경우, 아예 한술 더 떠서 사회에 대한 정의를 하나의 단어로 정리할 수 있다. 바로 사회란 '생경'한 곳이다.

생경에는 같은 음을 가진 생경生梗과 생경生硬, 즉 같은 '날 생生' 자를 쓰면서 다른 '경' 자를 쓰는 두 가지의 단어가 있으며 두 단어를 합쳐 몇 가지의 뜻이 존재한다. 그리고 이것만으로도 충분히 사회초년생의 입장에서 사회를 정의할 수 있다.

우선 두 단어 중 표준국어대사전에서 두 번째로 소개하는 생경生硬에 대해 살펴보자. 여기에서 경硬 자는 굳다, 가로막다를 뜻한다. 부수部首가 돌 석石 자인 것만 봐도 충분히 어떤 의미를 담고 있을지 짐작된다. 표준국어대사전에서는 이 생경에 대해 다음과 같이 정의하고 있다. 생경은 '생경하다'라는 형용사의 어근이며, 세 가지 의미가 있다.

1. 세상 물정에 어둡고 완고하다.
2. 글의 표현이 세련되지 못하고 어설프다.
3. 익숙하지 않아 어색하다.

첫 번째 의미를 보자. '세상 물정에 어둡다'만큼 이제 막 사회에 발을 들인 이들에게 어울리는 표현이 있을까. 가정과 학교를 벗어난 이가 '세상의 이러저러한 실정이나 형편'을 뜻하는 물정物情에 어두운 것은 당연하다. 물론 인터넷을 비롯하여 각종 채널을 통해 물정에 관한 정보를 그 어느 때보다 손쉽게 구할 수 있는 시대이지만 솔직히 그렇게 정보를 축적하려는 시도도 많지 않고, 일정 수준 이상의 정보를 축적하였다 해도 세상 돌아가는 이치의 체득體得은 다른 차원의 문제다. 이는 곧 세 번째 '익숙하지 않아 어색하다'라는 의미에서 기인한다. 세상사를 아직 몸소 겪어 본 적 없는데 어찌 어색하지 않을 수 있을까. 물정에 어두운 까닭은 바로 그 '경험'이 부족하기 때문이다.

경험이 부족해서 물정에 어둡다면 사회 진입 초기에는 몸에 맞지 않는 옷을 입은 듯 언행이 불편할 수밖에 없다. 언행의 제약은 자신이 어떠한 사람인지, 그리고 어떠한 능력을 갖추었는지를 드러내는 데 한계가 된다. 이는 생경의 두 번째 의미와 이어진다. 기성세대의 입장에서 사회초년생을 볼 때 언행이나 일 처리가 어설퍼 보이는 이유는 당연하다.

누군가는 반문할지 모른다. 요즘 젊은 세대는 자신을 표현하는 데 있어 솔직하고 거침이 없지 않느냐고 말이다. 그 말도 맞다. 좀 순화시켜 솔직하고 거침이 없다는 것이지 적지 않은 기성세대들은 요즘 젊은이들의 그러한 성향을 건방지고 예의가 없다고까지 생각한다. 적극적으로 자신을 드러내는 것은 좋지만 상대방의 기분이나 상황을 살피는 '세련됨'이 부족한 경우라 할 수 있다. 반대 케이스도 있다. 자기표현에 있어 너무 소극적이어서 문제가 생기기도 한다. 이럴 경우 상대방은 답답함을 느낄 수밖에 없고, 소통의 부재 때문에 일 처리 등이 원활히 이루어지지 않는다. 그리고 지금까지 살펴본 생경生硬에 관한 이야기는 바로 여기에서 다른 생경生梗으로 이어진다.

명사인 생경生梗은 표준국어대사전에서 "두 사람 사이에 불화가 생김"으로 정의하고 있다. 여기에서 '경梗'은 막힘을 뜻한다. 어색한 자기표현은 원활하지 못한 소통으로 이어지고 이는 곧 관계에 있어 트러블을 가져오기 마련이다. 앞서 요즘 젊은 세대가 가장 어려워하는 부분이 '관계 맺기'라고 언급했다. 너무 적극적이어서든 너무 소극적이어서든 관계를 맺어 나감에, 특히 또래가 아닌 기성세대와의 관계를 맺어 나가는 데 있어 어려움을 겪는 것이 현실이다.

사회란 그런 곳이다. 생경이라는 단어를 통해 살펴보았듯이 '부족한 경험으로 인해 물정에 어두워 발생하는 어색한 언행, 이 때문에 생기는 소통상의 문제와 관계의 트러블을 어떻게 극복하느냐가 바로 사회생활의 핵심이라 할 수 있다. 좀 더 요약하자면 생경함에서 오는 관계의 문제를 잘 해결해 나가는 사람이 바로 사회생활을 잘하는 사람이라고 할 수 있다.

관계 맺기에서는 부족할지 몰라도 본인의 능력으로 얼마든지 그러한 문제는 해결할 수 있지 않느냐고 생각할 수 있지만, 능력만 믿고 관계를 무시하다가 큰코다치는 경우를 주변에서 얼마든 보아 오지 않았는가. 그리고 앞서 언급했듯 관계는 비단 웃어른 혹은 상사와의 관계만을 의미하지 않는다. 새로운 동료, 새로운 규율, 새로운 업무 역시 관계 맺음의 영역이다. 사회인이 된 후 가족, 연인, 친구들과의 관계 또한 새로운 국면으로 다가온다. 나이를 먹어감에 따라, 환경이 계속 바뀜에 따라 관계의 양상은 매번 갱신된다.

이런 면에서 본다면 사회는 사회초년생만이 아니라 사회생활에 익숙한 기성세대에게도 얼마든지 생경한 곳이라 할 수 있다. 이는 시대적 변화와 밀접한 관련이 있다. 인류가 등장하고 문명이 시작된 이래, 21세기는 그 어느 시기와 비교해도 가장 빠른 속도로 진일보하고 있다. 끊임없이 변화를 거듭하는 삶의 환경과 대인관계 속에서 안정적인 일상을 영유하려면, 기성세대에게도 관계 맺기에 대한 고민이 반드시 필요하다.

사회생활을 승부의 개념으로만 이해할 수는 없지만, 지피지기면 백전백승이라 했다. 사회의 생경함을 온전히 이해하고 올바른 관계 맺기에 집중한다면 이것이 진짜 어른다운 어른으로서의 첫걸음이 될 것이다.

어떻게 중력을 이겨낼 것인가

03

우리가 높은 곳을 바라보고 그곳으로 올라서려 하는 까닭은 단지 중력이라는 죽음의 힘에 대항하고자 함이 아니며 이를 성공이라는 범주 안에 가둘 수도 없다. 천편일률적인 세상의 요구에 맞서 새로운 시선으로 이 세상을 바라보고 관계를 맺고, 그러한 과정에서 나 자신이 존엄한 존재로서 누려야 할 삶의 가치를 찾아내는 데 의미가 있다. 그러기 위해서는 활력으로 생을 온전히 채워야 하며, 이것이 진정으로 중력에 맞서는 방법이라고 할 수 있다.

우리는 종종 "운명과 맞서 이겨 나가야 한다."라는 말을 듣곤
한다. 여기서 운명이란 피부에 와닿는 역경인 경우가 대부분이
다. 하지만 모든 인간이 동일한 무게의 역경을 겪지는 않는다. 각
자의 상황에 따라 혹은 능력이나 정신력에 따라 똑같은 시련이
라 하더라도 그 무게는 다르며 누군가에게는 역경이 아닐 수도 있
다. 하지만 모든 인간에게 공평하게 적용되는 운명이 하나 있다.
바로 '죽음'이다. 인생이 한 번인 것처럼 죽음도 한 번이다. 황금으
로 만든 관 속에 누워 땅에 묻히든, 화장터에서 한 줌의 재로 남든
누구에게나 한 번이다. 그리고 죽음으로 인간을 이끄는 힘은 바
로 중력重力이다.

아이작 뉴턴Isaac Newton의 머리 위로 사과가 떨어진 이래, 인류
와 중력 사이에는 기나긴 싸움이 시작되었다. 비행기가 발명되
어 신화 속 인물 이카로스Icaros처럼 하늘을 누비게 되었으며, 얼마
지나지 않으면 우주여행이 대세가 되어 무중력 상태 속에서 지구
를 감상하게 될 날도 올 것이다. 마치 경쟁이라도 하듯 전 세계 대
도시에 속속 들어서는 마천루는 또 어떠한가. 중력의 존재와 이

를 이겨내려는 의지는 과학 기술의 비약적인 발전을 이끌었고, 그런 면에서 본다면 중력은 인류에게 소중한 '힘'이다. 개개인에게도 마찬가지다. 중력이 있기 때문에 우리는 빠른 속도로 자전하는 지구에서 튕겨져 나가지 않고, 마음껏 지상에서 삶을 누릴 수 있다. 그러나 우리가 숨을 거두게 될 날에는 (시신을 우주로 날려 보내지 않는 이상) 그 무엇으로도 중력을 이겨낼 수 없다. 그 누구든 중력의 힘을 견디지 못하고 가장 낮은 자세로 누워 조용히 죽음을 맞게 될 뿐이다.

높이는 성공의 척도다. 우리는 학창 시절부터 시험을 통해 등수의 중요성에 대해 배운다. 사회에 나와서도 얼마나 더 높은 등수를 차지하느냐에 따라 금전적 보상과 그에 따른 행복도가 달라진다. 도시의 전경이 훤히 내려다보이는 펜트하우스penthouse와 여객기의 아늑한 퍼스트 클래스는 말 그대로 성공한 자들의 전유물이다. 이 세상에 성공하고 싶지 않은 사람은 없다. 더 높은 곳으로 저절로 향하는 시선과 그곳을 차지하고 싶다는 욕구는 거의 본능에 가깝다. 중력을 거스르고, 죽음으로부터 되도록 멀리 떨어지려는 본능 말이다.

그렇다면 성공만이 죽음이라는 운명에 역행하는 유일한 길일까? 단순하게 생각하면 맞는 말이다. 스트레스를 최소화하는 환경 속에서 좋은 것만 먹고 하고 싶은 것만 한다면 무병장수할 확률은 분명 높아질 것이다. 하지만 성공이 누구에게나 허용되고, 간절하게 바란다고 이루어지는 것이 아니지 않은가? 대부분의 사람들은 성공 근처에도 못 가 보고 평범하게 일생을 보낸다. 반대로 아무리 커다란 성공을 거두더라도 느닷없이 죽음이 찾아와 목숨을 거두어 가기도 한다.

고대 로마 시인 호라티우스Horatius 작품 속에 등장하는 "카르페 디엠Carpe diem"은 영화 〈죽은 시인의 사회Dead Poets Society〉를 통해 무척이나 친숙한 문구가 되었다. 영어로는 "Seize the day.", 의역을 좀 보태 "현재를 즐겨라."라는 의미다. 영화의 주인공인 키팅Keating 선생은 '카르페 디엠' 해야 하는 이유에 대해 다음과 같이 설명한다.

"왜냐면 우리는 (죽어서 땅에 묻혀) 벌레들의 먹이가 될 운명이니까. 믿든 말든 여기 있는 우리 모두는 언젠가 반드시 숨을 멈추고 싸늘하게 식어 죽게 될 테니까 말이야Because we are food for worms, lads. Because, believe it or not each and every one of us in this room, is one day going to stop breathing, turn cold and die."

성공에 따른 금전적 보상과 환경의 개선은 죽음을 늦출 수는 있어도 죽음을 오지 못하게 할 수는 없다. 죽음이라는 운명으로 인간을 이끄는 중력에 맥없이 끌려가지 않으려면 어떻게 해야 할까? 바로 일상을 '활력, 즉 살아 움직이는 힘'으로 가득 채우려는 노력이 필요하다.

도대체 활력이란 무엇일까? 가슴이 터질 듯 마음 깊은 곳에서 뿜어져 나오는 열정과 애정, 깜깜한 현실을 부수고 머리 위로 내리쬐는 영감의 불빛, 손길과 발길이 닿는 곳마다 약동하는 생명의 두근거림! 활력이란, 내 몸에 뜨거운 피가 돌고 내 머릿속에 뜨거운 아이디어가 창조되고 내 가슴속에 뜨거운 감동이 샘솟게 만드는 것이다. 억만금으로도 살 수 없고 그 무엇과도 바꿀 수 없는, 나라는 인간이 지금 여기에 서 있고 살아 있음을 깨닫게 하는 생의 의지, 그 '자유의지自由意志'가 바로 활력이다.

영화 〈죽은 시인의 사회〉는 결국 비극으로 끝난다(스포일러가 될 수 있으니 영화를 안 봤다면 나머지 부분은 안 읽어서도 좋다).

키팅 선생의 가르침인 "카르페 디엠"을 통해 깨달음을 얻은 제자 중 한 명은 엄격한 규율과 그에 따르는 제재, 사회(아버지)의 요구에 맞서다가 뜻을 이루지 못하고 결국 스스로 생을 마감한다. 이 일이 문제가 되어 키팅 선생 또한 학교를 떠나게 된다. 키팅 선생이 마지막으로 교실을 나서는 순간, 그를 따르던 학생들이 하나둘씩 책상 위로 올라선다. 이 또한 키팅의 가르침이었다.

"우리는 사물을, 대상을, 이 세상을 끊임없이 다른 방법, 다른 시각으로 봐야 한다We must constantly look at things in a different way." 키팅 선생의 가르침에 학생들이 여전히 지지를 보내는 이 장면은 영화사에서도 손에 꼽히는 명장면 중 하나로 남아 있다.

우리가 높은 곳을 바라보고 그곳으로 올라서려 하는 까닭은 단지 중력이라는 죽음의 힘에 대항하고자 함이 아니며 이를 성공이라는 범주 안에 가둘 수도 없다. 천편일률적인 세상의 요구에 맞서 새로운 시선으로 이 세상을 바라보고 관계를 맺고, 그러한 과정에서 나 자신이 존엄한 존재로서 누려야 할 삶의 가치를 찾아내는 데 의미가 있다. 그러기 위해서는 활력으로 생을 온전히 채워야 하며, 이것이 진정으로 중력에 맞서는 방법이라고 할 수 있다.

때때로 사람들은 괜히 운명에 거스르려 하지 말라고 강조한다. 몸과 마음만 피곤해지기 때문이다. 중력에 의해 물이 아래로 흐르듯, 그렇게 세상살이에 순응하며 살아가라고 이야기한다. 하지만 물이 아래로 흐르기만 하는 것은 아니다. 지상에 흐르는 모든 물은 반드시 바다에 도달하게 되고 그곳에서 증발하여 구름을 만들고 다시 지상에 비를 내린다. 중력이 거부할 수 없는 운명의 힘인 것처럼, 언젠가 높이 날아오르는 것 또한 순리이며 운명의 일부이다.

　그러니 조급해할 필요는 없다. 일상을 활력으로만 가득 채울 수 있다면 순리대로 성공 또한 따라올 것이다. 하지만 고여 있는 물은 되지 말아야 한다. 세상에서 가장 어두운 그늘 아래에서, 흐르지도 못하고 증발하지도 못한 채, 아무 움직임 없이 조용히 썩어 가는 물처럼 말이다. 보통 깊은 그늘은 이 세상에 의해 만들어지지만 나 자신이 스스로 그늘을 만들거나 그늘로 들어가 버리는 경우도 적지 않다. 당신은 지금 어디쯤에 있는가? 세상 곳곳을 굽이치며 흐르고 있는가? 아니면 태양 한가운데에서 훨훨 날아오르고 있는가? 혹은 척박한 사막에 내리는 비가 되어 새로운 생명들을 깨우고 있는가? 무엇이 되었든 상관없다. 삶이 활력으로 충만하다면, 그것만으로도 충분히 우리는 행복을 만끽할 수 있을 것이다.

성공이 이루어지는 속도

04

단도직입적으로 말해, 인간은 '성장(成長)'하는 존재다. 신체적으로는 성장에 한계가 있지만, 정신적 성숙이나 학문적 수행, 개인적인 목표의 설정에 있어서는 그 한계가 없다. 사회적 성공 또한 성취하는 순간 얼마든 더 높은 목표로 재설정할 수 있다. 다시 말해 인생이라는 마라톤은 죽을 때까지 멈추지 않고 성장을 도모하는 것이다.

근래에 들어 문화 콘텐츠 중 인상 깊게 감상한 작품이 무엇이냐고 묻는다면 넷플릭스 오리지널 애니메이션 〈디스인챈트Disenchantment〉를 꼽고 싶다. 드림랜드Dreamland 왕국의 빈Bean 공주가 차별과 편견, 운명과 역경에 맞서 성장해 가는 과정을 때로는 풍자적으로, 때로는 감동적으로 그려 낸 작품이다. 빈 공주에게는 늘 붙어 다니는 두 명의 '절친'이 있다. 인생의 쓴맛과 비참함을 경험하고자 늘 평화롭고 행복한 엘프 왕국을 박차고 나온 엘포Elfo와 빈 공주 전용 악마(이지만 다른 사람들에게는 말하는 고양이 정도의 취급을 받을 만큼 귀여운) 루시Luci다. 이 둘은 내면에 공존하는 천사와 악마처럼 빈 공주에게 갈등을 유발하지만 기꺼이 그녀의 험난한 여정에 동참하여 함께 위기를 극복해 나간다.

빈 공주는 기존에 우리가 알고 있던 공주의 이미지와는 많이 다르다. 주근깨투성이 얼굴에 돌출된 뻐드렁니는 공주 이미지에 대한 일반적인 편견을 무참히 깨트린다. 성격은 더하다. 심각한 알코올 중독 환자이며, 일탈과 막말을 일삼는 사고뭉치다. 그러던 어느 날, 대형 사고를 친 공주는 성 밖으로 쫓겨난다. 공주는 평소 성격답게 처음에는 비로소 자신의 진가를 드러낼 수 있는 기회라며 의기양양해한다. 하지만 기쁨도 잠시. 먹고살기 위해 양치기, 등대지기, 애완동물 가게 점원 등 다양한 직업에 도전하지만 번번이 일을 망치고 해고를 당한다. 계획은 완전히 수포로 돌아가고 알고 보니 자신은 할 줄 아는 게 아무것도 없는, 쓸모없는 사람이라는 생각에 공주는 크게 낙담한다. 그런 공주에게 엘포는 다음과 같이 격려를 건넨다.

"빈, 기운 내. 어른이 된다는 건 뭐든 시간이 걸린다는 걸 받아들이는 거야.Bean, don't feel bad. Sometimes being an adult just means accepting that things take time."

혈기가 왕성한 청소년들은 부모와 학교의 통제 아래에서 어른이 되기만을 손꼽아 기다린다. 그렇게 성인이 된 후 마음껏 인생을 펼치리라는 기대를 가슴 가득 안고 사회에 첫발을 내딛지만 곧바로 아직 멀었다는 사실을 깨닫는다. 그리고는 빈 공주처럼 실망하고 자신의 부족함을 탓하거나 내 능력을 알아주지 않는 사회를 원망하기도 한다. 그토록 원하던 어른이 되었지만, 자기 뜻대로 되는 건 아무것도 없다. 말 그대로 '꿈은 높은데 현실은 시궁창'이다.

수많은 어른들이 목을 매는 대상이 하나 있다. 바로 "목적하는 바를 이룸."을 뜻하는 '성공成功'이다. 우리는 태어나는 순간부터 자의적이든 타의적이든 여러 가지 목적을 이루기 위해 살아간다. 갓난아이가 목청껏 우는 까닭은 배고픔의 해소가 목적이다. 어린 아이들이 부모에게 떼를 쓰거나 투정을 부리는 것도 단지 말을 듣기 싫어서가 아니라 나름대로의 목적이 있기 때문이다. 학창 시절에는 그저 더 좋은 성적을 받아야 한다는 목적이 일상을 철저히 지배한다. 성인이 되면 목적은 더욱 다양하고 복잡해진다. 먹고 살기 위해서라도 그 목적을 달성하기 위해 매일 노력하며 살아간다. 끊임없이 반복되는 달성과 실패들은 한곳을 향해 줄지어 흐른다. 바로 '사회적 성공'이다.

인생은 마라톤과 같다는 비유를 자주 듣는다. 41.195Km의 대장정을 아무리 힘들어도 포기하지 않고 달리고 또 달리는 스포츠. 함께 달리는 경쟁자들은 물론 자기 자신과의 길고 지루한 싸움에서도 승리해야만 한다. 그만큼 가장 힘들고, 그래서 올림픽의 꽃이라 불리는 종목이다. 그런데 일부에서는 완주 후 테이프를 끊는 순간을 사회적 성공에만 맞추는 경향이 있다. 물론 사회적 성공에 도달하는 과정이 마라톤과 유사한 것은 사실이다. 누군가는 가장 빠른 시간 내에 1등으로 들어오기도 하지만, 누군가는 꼴등으로 들어오기도 한다. 아예 포기하는 사람들도 속출한다. 등수에 따라, 즉 사회적 성공의 크기에 따라 분명 만족도와 행복감은 개개인마다 분명 다르다. 그런데 꼴등으로 들어오든 완주를 포기하든 뭐가 문제인가? 마라톤이 끝나면 인생도 함께 끝나기라도 한단 말인가? 원하는 등수를 달성하지 못하든 완주하지 못하든 실패하고 또 실패하고 수없이 실패를 반복하든 다시 경주에 참여하면 그만이다.

인생이라는 마라톤에서 성공과 실패의 여부를 판가름할 수 있는 순간은 딱 한 순간밖에 없다. 바로 '죽음 직전'이다. 생을 마감하는 순간이 되어서야, 지난날을 되돌아보며 자신의 인생이 성공작이었는지 실패작이었는지를 판단할 수 있다. 그렇다면 그 이전의 모든 성공과 실패는 어떠한 의미로 받아들여야 할까?

단도직입적으로 말해, 인간은 '성장成長'하는 존재다. 신체적으로는 성장에 한계가 있지만, 정신적 성숙이나 학문적 수행, 개인적인 목표의 설정에 있어서는 그 한계가 없다. 사회적 성공 또한 성취하는 순간 얼마든 더 높은 목표로 재설정할 수 있다. 다시 말해 인생이라는 마라톤은 죽을 때까지 멈추지 않고 성장을 도모하는 것이다. 사회적 성공이라는 마라톤에서는 등수를 매길 수 있지만, 인생이라는 마라톤에서는 등수를 매길 수 없다. 오직 최후의 순간에 자신이 걸어온 성장의 길이 성공인지 실패인지만을 따질 수 있다. 그러므로 그 이전의 모든 사회적 성공과 실패는 성장의 한 과정일 뿐이다.

하지만 사람들은 순간순간의 성공과 실패 여부에 따라 일희일비한다. 특히 일이 마음대로 되지 않고, 계획이 틀어지고, 실패를 거듭하면 빈 공주처럼 좌절하고 이 패배감은 절망으로까지 이어지기도 한다. 분명 금방 훌훌 털고 일어서서 다시 경주에 참여하면 되지만 쉬운 일은 아니다. 이 글을 쓰는 나뿐만 아니라 그 누구도 타인의 실패와 그에 따르는 좌절, 절망에 대해 가볍게 말할 수 없다. 그러한 순간들을 이겨낼 수 있는 특별한 노하우라도 있으면 알려주고 싶지만 그런 것도 없다. 그저 스스로가 알아서 극복할 수밖에 없다. 다만 그럴 때마다 '시간이 걸린다는 것을 받아들여야 어른이 된다'는 엘포의 조언만큼은 잊지 말았으면 한다.

현대사회의 특성 중 하나로 자주 손꼽히는 것이 바로 '속도'다. 인류는 그 어느 때보다 빠르게 발전하는 문명 속에서 하루하루를 보낸다. 경쟁은 점점 과열되고 한 발자국이라도 더 먼저 앞서 나가야 승리를 거머쥘 수 있다. 온갖 미디어에서는 시대의 흐름에 뒤처지면 경주에 참여조차 할 수 없다며 윽박을 지른다. 당연히 가만히만 있어도 조바심이 날 수밖에 없다. 사회적 성공(얼마든 재도전할 수 있는)이 실패로 끝날 때마다 크게 좌절하는 이유가 바로 여기에 있다.

앞서 언급했듯 당장의 실패가 인생 전체의 실패를 의미하지는 않는다. 또한 몇 번이나 일을 그르쳤다고 해서 기회가 없어지는 것도 아니다. 빠르게 변하는 이 세상은 수많은 기회를 박탈함과 동시에 그보다 더 많은 기회를 새로이 창출해 낸다. 다만 못 보고 있을 뿐이고, 시도하지 못할 뿐이다. 아직은 기회를 포착할 만한 혜안과 실행에 나설 역량이 부족하기 때문이다. 매번 실패할 때마다 자기를 탓할 필요는 없다. 성장을 위한 마라톤을 포기하지만 않는다면 기회는 '다시' 온다. 조바심 내지 말고 현재 자신의 능력과 위치를 인정하는 것, 인내하고 또 인내하며 기회가 왔을 때지금껏 힘을 쏟아 온 성장의 성과를 보여주는 것, 실패를 마주했을 때 꺾이지 않고 또다시 일어서는 것. 이것이 실패에 대처하고 성공을 맞이하는 어른의 자세이다.

인생은 길고, 성장은 더디다. 그 지루한 여정을 포기하지 않고 끝까지 완주하기 위해서 가장 필요한 능력은 '기다림'이다. 간절히 기다려 본 사람은 안다. 기다리기 위해서는 얼마나 많은 노력이 필요한지를. 기다리기만 한다고 해서 아무것도 하지 않는 것이 아니다. 절실한 사람은 기다림을 환희 가득한 만남으로 연결시키기 위해 스스로 성장을 도모한다.

황지우 시인의 시 〈너를 기다리는 동안〉의 한 구절을 소개한다.
"내 가슴에 쿵쿵거리는 모든 발자국 따라
너를 기다리는 동안 나는 너에게 가고 있다."

인생은 기다림의 미학이다. 마음은 급한데 일이 뜻대로 풀리
지 않아 낙담했는가. 실패에 발목 잡혀 시간이 좀 걸리면 어떤가.
가슴을 쿵쿵 울리는 절실함, 그 절실함을 바탕으로 한 성장만 있
다면 언젠가는 반드시 만나게 될 것이다. 성공이라는 달콤한 성
과成果를.

나비와 폭풍

05

누군가 '거창한' 꿈과 목표에 대해, '무모한' 도전과 열정에 대해 이야기하면 주변에서는 뜬구름 잡는 소리 하지 말라며 현실을 직시하라고 일침을 가한다. 한데 정말 그게 정답일까? 분수에 맞는 삶의 기준은 무엇이며, 현실을 직시한 후의 정석적인 행동은 또 무엇인가? 왜 거창한 꿈을 노래하면 안 되는가? 정녕 무모한 도전과 열정은 삶의 무기가 될 수 없다는 말인가?

사회는 전쟁터와 같다는 말을 자주 듣는다. 그만큼 경쟁이 치열하고 각박하다. 사회생활을 조금이라도 해 본 사람이라면 누구나 공감할 것이다. 그리고 이 전쟁터에서 승리를 거두고 원하는 바를 성취하는 사람은 극히 일부에 불과하다. 그 사실을 잘 알아서일까? 시간이 지나면 지날수록 시작도 해 보기 전에 참전(?)을 포기하는 사람들이 늘어만 간다. 가장 치열하게 삶에 뛰어들 법한 청년층에서도 적지 않은 이들이 그냥 힘들이지 않고 덜 누리며 살겠다고 이야기한다.

세상이 전쟁터 같다고 떠들다 보니, 노래 한 곡이 떠오른다. 우리나라에서도 인기가 높은 영국 출신 록 그룹 뮤즈MUSE의 〈Butterflies and hurricanes〉다. 중독성 높은 멜로디와 강렬한 기타 사운드로 매력적인 뮤즈 특유의 분위기를 잘 드러내는 곡이다. 노래도 좋지만 가사 또한 오래 뇌리에 남는다. 조금 의역을 하긴 했지만 가사와 해석을 뮤직비디오와 함께 소개해 본다.

〈Butterflies and hurricanes^(나비와 폭풍)〉

(2003년 발매된 〈Absolution〉 앨범 수록)

<Butterflies and Hurricanes>
웸블리 스타디움 라이브

Change, everything you are

너의 전부를 바꿔.

And everything you were

예전 모습까지 모조리.

Your number has been called

이제 너의 차례잖아.

Fights and battles have begun

싸움과 전투는 벌써 시작됐어.

Revenge will surely come

승리의 순간은 반드시 올 테지만,

Your hard times are ahead

눈앞에 놓인 역경을 먼저 이겨내야 해.

Best, You've got to be the best

너는 최고가 돼야만 해.

You've got to change the world

너는 이 세상을 바꿔야 해.

And use this chance to be heard

너의 목소리를 들려줄 기회를 놓치지 마.

Your time is now

지금이 바로 그때야.

Don't let yourself down

움츠러들지 말고 자신감을 가져.

Don't let yourself go

풀어지지 말고 긴장해.

Your last chance has arrived

이번이 마지막 기회잖아.

Best, You've got to be the best

최고가 되어서

You've got to change the world

세상을 바꿔 봐.

And you use this chance to be heard

모든 사람들에게 네 목소리를 똑똑히 들려줘.

Your time is now

바로 지금 말이야.

노래는 전투가 벌어지기 직전의 전장처럼 비장하게 시작한다. 보컬 매튜 벨라미Matthew Bellamy는 속삭이듯 읊조리면서 긴장감을 고조시킨다. 그러다 다시 반복되는 가사 속에서 점점 달아오르던 사운드는 마침내 격정적으로 진격을 부추긴다. 한 차례 폭풍이 휘몰아친 후 고난을 이겨냈을 때의 감격처럼, 울림이 깊은 피아노 솔로가 이어진다. 하지만 기쁨도 잠시. 노래는 다시 강렬한 목소리로 당장 최고가 되어, 세상을 바꿔 보라고 강조하며 끝을 맺는다.

간단한 개인적 감상은 이렇다. 나에게는 지금껏 수백 번을 들었어도 질리지 않을 만큼 좋은 노래이지만, 각자 취향에 따라 좋아하는 분야가 다 다르기 때문에 여러분에게 꼭 들어보라고 강요하고 싶지는 않다. 다만 노래 제목이 왜 '나비와 폭풍'이고 가사와는 어떤 관련이 있는지는 한번 생각해 봤으면 한다. 노래에서는 '나비'나 '폭풍'이란 단어는 한 번도 등장하지 않는다. 다만 제목 자체와 가사의 내용을 살펴보았을 때 '나비효과butterfly effect'에서 소재를 가져왔음을 짐작할 수 있다.

1961년, 기상학자 에드워드 로렌즈Edward N. Lorenz는 기상관측을 위한 실험을 하다가 소수점 다섯 자리에 불과한 초기조건初期條件의 차이로 완전히 다른 결과가 나타나게 된다는 사실을 깨닫는다. 너무 작은 차이라 무시해도 된다고 생각했던 변수에도 날

씨는 구름 한 점 없이 맑은 날이 되거나, 비바람 몰아치는 날이 될 수도 있다는 것이다. 후일 로렌즈는 이를 이론화하여 발표하고, 좀 더 드라마틱한 표현인 "브라질에 있는 나비가 날갯짓을 하면 미국 텍사스에서 토네이도가 일어날까Does the flap of a butterfly's wings in Brazil set off a tornado in Texas?"라는 문장과 함께 '나비효과'로 알려지게 되었다. 현재는 관련 분야인 기상학이나 물리학만이 아니라 사회 전반 다양한 분야에서 '아주 작은 사건이나 변화가 추후에 예상하지 못할 만큼 엄청난 결과로 이어진다.'라는 의미로 자주 언급된다.

노래 〈Butterflies and hurricanes〉는 듣는 이에게 스스로를 변화시키고, 도전을 통해 세상을 바꾸어 보라고 요구한다. 한 마리 나비가 되어 힘찬 날갯짓으로, 폭풍과 같은 변화를 불러일으키라고 강조한다. 한편으로는 나비와 폭풍이 아니라 '나비 대(對, vs.) 폭풍'으로도 해석할 수 있다. 비록 당신이 한 마리 나비처럼 가냘픈 존재일지라도, 폭풍과 같은 역경에 두려움 없이 맞서고 원하는 바를 쟁취하라는 의미로도 들린다. 그 무엇이 되었든 간에 쉽지 않은 일임은 분명하다. 실제로 인류 역사를 돌아보면 스스로 나비가 되어 전 세계에 폭풍을 일으키고 당당히 자신의 이름을 역사에 남긴 사람들이 있다. 하지만 이는 위인偉人들의 이야기이지 않은가. 대다수 범인凡人들은 기나긴 역사 속에서 먼지 한 톨만큼의 족

적도 남기지 못한 채 생을 마감한다.

　성공했다는 사람들은 말한다. 도전하라, 이겨내라, 그리고 쟁취하라! 누구는 그러고 싶지 않아 가만히 있겠는가. 말처럼 쉽지 않으니 하루하루 간신히 버텨 내며 살아가는 것 아니겠는가? 경제적으로 워낙 어렵고 날이 갈수록 경쟁이 치열해지는 사회 분위기 탓인지, 대중들의 전반적 인식 또한 '현실적'으로 변했다. 분수에 맞게, 현실에 안주하고, 평생 커다란 굴곡 없이 살아갈 수만 있다면 충분하다는 것이다. 누군가 '거창한' 꿈과 목표에 대해, '무모한' 도전과 열정에 대해 이야기하면 주변에서는 뜬구름 잡는 소리 하지 말라며 현실을 직시하라고 일침을 가한다. 한데 정말 그게 정답일까? 분수에 맞는 삶의 기준은 무엇이며, 현실을 직시한 후의 정석적인 행동은 또 무엇인가? 왜 거창한 꿈을 노래하면 안 되는가? 정녕 무모한 도전과 열정은 삶의 무기가 될 수 없다는 말인가? 평범하고 무난하게 살고 싶어도 사회가 그렇게 가만두지 않는 시대다. 전쟁터만큼이나 혼란스럽고 치열한 사회는 사람들을 매일매일 궁지로 몰아넣는다. 삶의 방식에 정석은 없다. 비록 헛될지라도, 나비가 되어 세상을 뒤바꿔 버리겠다는 꿈에 매달리고 끝없이 도전하는 것도, 얼마든지 더 나은 삶을 위한 하나의 방식일 수 있다.

그렇다면 평범한 사람이 '나비'가 되기 위해서는 무엇을 해야 할까? 꿈을 향한 치밀한 계획? 강도 높은 공부와 기술의 습득? 말만 들어도 머리가 아프고 기운이 빠진다. 우선 일상의 아주 작은 부분부터 조금씩 바뀌 나가며 삶 전반에 큰 변화를 불러일으켜 보는 건 어떨까? 바로 일상에 적용하는 나비효과다.

삶을 살아감에 있어 습관의 중요성은 몇 번을 강조하더라도 모자란다. 서양을 대표하는 과학자이자 철학자 파스칼Blaise Pascal은 "습관은 제2의 천성으로, 제1의 천성을 파괴한다."라고 했다. 평소 주변에서 착하고 성실하다고 인정을 받던 사람이 잘못된 습관 하나로, 일은 물론이거니와 인생 전반을 망치는 경우를 종종 볼 수 있다. 그렇듯 어린 시절부터 보고 듣고 만지고 배우면서 하나둘 우리 몸과 마음에 정착하는 습관들은 천성을 압도할 만큼 큰 힘을 가지고 있다.

자기계발서들을 보면 거의 대부분 성공한 사람들에 대해 다루고 있다. 세계 최고의 부자라는 사람들에게 당신의 성공 비결이 무엇이냐고 물으면 별로 대수로워 보이지 않는 습관 몇 가지를 늘어놓을 뿐이다. 사회적으로 성공을 거두고 싶다면 범하기 쉬운 나쁜 습관은 버리고, 하기는 힘들지만 좋은 습관을 몸에 들여야 함은 두말할 필요도 없다.

비단 세계 최고의 부자들뿐이겠는가. 평범하게 살아가는 사람들에게도 사회는 언제나 다양한 목표와 과제를 제시한다. 사람들은 이를 달성하기 위해서는 능력이 중요하다고 생각하지만 정작 더욱 중요한 역할을 하는 것은 바로 습관이다. 일을 망치는 것은 능력 부족이 아니라 잘못된 습관인 경우가 훨씬 더 많다. 하지만 보통 습관은 무시되기 일쑤다. 습관은 자신의 행동이니까 자신이 지배하고 있으며 얼마든 수정이 가능하다는, 오만한 생각 때문이다. 세 살 버릇 여든까지 가고 제 버릇 개 못 준다고 하지 않았는가. 잘못된 습관을 바로잡는 일은 생각처럼 쉽지 않다. 아주 작긴 하지만, 잘못된 습관들부터 하나하나 올바른 방향으로 바로잡아 가는 것. 이것이야말로 삶 전체를 바꾸기 위한 첫걸음이다.

가장 쉬운 예로 수면을 들 수 있다. 적지 않은 현대인들이 수면 장애를 호소한다. 그런데 가만 살펴보면 수면 장애의 원인은 본인의 잘못된 습관인 경우가 대부분이다. 술을 너무 자주 마신다든가 잠들기 전에 스마트폰만 붙들고 있다든가 하는, 얼마든 본인의 의지로 개선할 수 있는 나쁜 습관 때문에 불편한 잠자리를 감수하곤 한다. 이럴 경우 수면 시간은 들쑥날쑥하고 잠을 잔다고 해도 아침에 개운한 정신으로 일어나기는 힘들다. 수면의 양과 질은 다음 날을 어떻게 보내느냐와 밀접한 관련이 있다. 잠을 제대로 못 잔 사람이 공부나 일을 제대로 할 리가 만무하다. 빌 게

이츠는 자신의 성공 습관 중 하나로 '매일 7시간 이상의 수면'을 꼽기도 했다.

　당장 올바른 잠자리를 위해서 해야 할 행동들은 무엇인가. 우선 일정한 시각에 잠들고, 일정한 시각에 일어나는 노력이 필요하다. 그때그때 되는대로 생활했던 사람에게는 이것만으로도 큰 도전이다. 안락한 수면에 적합한 상황도 만들어야 한다. 일상의 스트레스가 크다는 이유 때문에 '습관적'으로 술이나 음식, 게임을 즐기며 밤늦게까지 노는 사람들이 많다. 그러고는 잠을 제대로 못 자 벌게진 눈으로 회사에 나가 피곤한 몸과 마음으로 일하며 더욱 스트레스를 받는다. 대신에 적당한 명상이나 독서, 가벼운 운동 등으로 긴장을 풀고 마음을 편하게 한 후 깊은 잠을 청하는 게 훨씬 스트레스 해소에 도움이 되지 않을까? 물론 쉽지 않다. 이 글을 쓰는 나조차 술을 꽤 즐기는 편이고, 스마트폰으로 유튜브나 넷플릭스에서 동영상을 보다 늦게 잠드는 때가 잦은 편이다. 반대로 말해 잘못된 수면 습관만 제대로 고칠 수 있다면 삶의 질은 이전보다 훨씬 개선될 수 있다. 일정한 수면 패턴 때문에 일과 시간은 어느 정도 정형화되고, 절제가 생활화된다. 다른 건 차치하고 다음 날 맑은 정신으로 일에 몰입하는 것 하나만으로도 큰 성과다.

여러분은 어떤 습관을 가지고 있는가? 좋은 습관은 놔두고 나쁜 습관만 우선 떠올려보자(어차피 좋은 습관은 잘 떠오르지도 않는다). 몇 가지가 생각나는가? 아마도 이따금 타인에게 지적을 받거나, 자신이 생각해도 별 도움이 안 되고 일상에 좀 방해가 되는 습관이 대부분일 것이다. 그렇다면 가장 고치기 쉬워 보이는 것을 골라, 지금 이 순간부터 개선하기 위해 노력해 보는 건 어떨까? 대다수는 이러한 의견에 다음과 같이 반문할지 모른다. '나쁜 습관이기는 하지만 사는 데 별 지장은 없는데? 그러면 그냥 내버려둬도 되지 않을까?' 그러한 삶도 나쁘지 않다. 나쁘다 못해 악질적인 습관들을 잔뜩 가지고 있으면서도 별 탈 없이 자기만족으로 살아가는 사람들도 분명 있다. 다시 강조하지만 무엇이 되었든 전부 삶의 방식이다. 다만 지금이든 후일의 언제가 되었든 삶을 좀 더 좋은 방향, 원하는 방향으로 이끌고 싶다면 삶을 변화시킬 가장 쉬운 방법으로 나쁜 습관을 고치는 것부터 시작해 보길 권한다.

여러분은 지금 폭풍 속처럼 혼란하고 전쟁터처럼 치열한 사회 속에서 어떤 존재라고 생각하는가? 갈 곳을 잃은 나비처럼 위태로운가? 혹시 '아직' 나비조차 되지 못한 것은 아닐까? 나비는 알에서 깨어 나와 나무 위에서 생활하는 애벌레와 번데기 과정을 거쳐야만 비로소 자유롭게 하늘을 날아다닐 수 있다. 비록 허무맹랑할지라도, 날갯짓이라도 한 번 해 보려면 적들의 공격과 비바람을 피해 성장을 도모하는 인내의 시간이 필요하다. 그렇게 알에서 애벌레로, 애벌레에서 번데기로, 번데기에서 나비로의 큰 변화를 이겨내야만 한다. 그리고 커다란 변화의 시작은 항상 미약하다. 인류 역사의 이름을 남긴 위인들의 위대한 여정은 전부 앞으로 내딛는 '한 걸음'으로부터 시작됐다. 그리고 위인만이 아니라 평범한 사람 누구라도 '어른'이라면 능히 할 수 있는 일이다.

고생 끝에 나비가 되었다 하더라도, 폭풍이 몰아치는 사회에서 과연 날갯짓이나 한 번 제대로 할 수 있겠느냐며 걱정할지 모른다. 맞는 말이다. 하지만 아직 가 본 적 없는 미래에 대한 걱정만큼 부질없는 짓도 없다. 올여름, 유독 많은 태풍이 한반도를 지나갔다. 13호 태풍 '링링'이 지나갔을 때의 일이다. 낮 시간대에 수도권 인근을 지나친다는 예보가 있었지만 가족의 만류에도 불구하고 일 때문에 사무실에 나갔다. 바람이 점점 거세지는 회사 옥상 정원에서 잠시 쉬고 있는데 새끼 참새 한 마리가 위태롭게 날아가는 것을 보니 문득 걱정이 되었다. '참새가 태풍을 잘 견딜 수 있을까? 작은 연못에 있는 금붕어들은 또 괜찮을까? 비가 많이 와서 연못이 망가지기라도 하면 어떡하지? 가을을 알리며 열심히 우는 귀뚜라미들과 아직까지는 여름이라며 열심히 우는 매미들은?' 사람이야 튼튼한 건물 속에서 몸을 피하면 안전하다지만 밖에서 온몸으로 비바람을 받아내야 할 작은 생명들이 걱정됐다.

태풍의 위력은 예상보다 더욱 거셌다. 마치 뿌리가 뽑힐 것처럼 나무들이 흔들렸고, 나 역시 몸을 가누기 힘들 정도로 휘몰아치는 바람에 맞서며 간신히 퇴근했다. 그날 밤은 옥상 정원이 어떻게 되었을지 조금은 심란한 마음으로 잠을 청해야 했다. 하지만 걱정은 말 그대로 기우杞憂였다. 다음 날 옥상 정원은 생각보다 온전해 보였다. 부러진 나뭇가지가 여기저기 흩어져 있었지만 뿌리까지 뽑힌 나무는 없었다. 연못도 멀쩡했다. 볼 때마다 마음에 위안을 주는 금붕어들도 여전히 잘 노닐고 있었다. 정원에서 살다시피 하는 참새들도 괜찮아 보였다. 귀뚜라미와 매미들도 경쟁이라도 하듯 열심히 울어 댔다.

생명의 위대함은 강인함에 있다. 어떠한 상황 속에서도 버티고 앞으로 나아가는 힘이다. 나비가 된 후 맞이할 폭풍 걱정은 실제로 그 시기가 왔을 때 하면 된다. 중요한 점은 나비가 되려는 자신의 의지와 실행 그리고 나비가 되기까지의 과정이다. 작은 풀벌레나 금붕어, 참새처럼 인간도 약하지 않다. 아니, 훨씬 강인한 존재다. 아직 도달하지 않은 미래에 대한 걱정으로 지레 겁을 먹고 포기하지 마라. 당신은 강하다. 그리고 지금보다 훨씬 더 강해질 수 있다. 그 시작이 바로 습관의 변화다.

나쁜 습관은 버리고 좋은 습관을 들이기 위한 행동. 그것이 아주 작은 행동일지라도 어떠한 결과를 초래할지는 누구도 예측할 수 없다. 하지만 한 가지는 장담할 수 있다. 그 행동 때문에 지금보다 더 좋으면 좋았지 나쁜 결과가 나오지는 않으리라는 사실이다. 지금 아직 알에서 깨어나지 못했든, 나뭇잎 뒤에 숨은 애벌레이든, 물 한 모금의 기쁨조차 만끽할 수 없는 번데기 상태이든 상관없다. 변화를 원하는 마음이 있고, 어떤 순간에도 그 마음을 놓지 않고, 언젠가 반드시 행동에 나선다면 우리는 모두 나비가 되어 화려하게 비상할 것이다.

포기하면 정말 편할까?

06

어른이 되고 싶다면, 포기해서는 안 된다. "나는 피터 팬처럼 네버랜드(Neverland)에 남을래."라고 외치고 싶을지 모르겠지만, 네버랜드는 이 세상에 존재하지 않는 장소이다. 게다가 영원히 어른이 되기를 거부한 피터 팬의 말과 행동이 곧 규율인 장소다. '잃어버린 아이들'은 늘 두목 피터 팬의 눈치를 보고 그에게 잘 보이기 위해 애쓰며 때로는 목숨이 위태로운 지경에 이르기도 한다. 따지고 보면 현실 세계와 별다를 바가 없는 곳이 네버랜드다.

"포기하면 편해."

인터넷 커뮤니티나 SNS 등에서 이런 말을 많이 들어보았을 것이다. 무척이나 단순한 논리이자 당연한 의미로 받아들여지는 이 문장은, 특히 청소년과 청년층에서 유행어처럼 쓰이곤 한다.

이 말은 우리나라에서도 커다란 사랑을 받은 일본 만화 〈슬램덩크〉에서 비롯됐다. 누군가 만화의 한 장면 중 일부 대사를 살짝 바꾸어 인터넷에 올린 것이 널리 퍼지게 되었다. 원래 대사와는 정반대의 의미로 바꾸어 패러디한 것인데, 일부 사람들은 실제로 저러한 대사가 〈슬램덩크〉에 등장한다고 믿을 정도로 큰 호응을 얻었다.

우리는 삶을 살아가며 수없이 포기하고 싶은 순간들과 마주한다. 이는 사회에 진입하기 전에도 마찬가지다. 기억이 잘 나지 않을 만큼 어린 시절부터 포기를 통해 얻을 수 있는 편안함의 유혹에 시달린다. 간단한 예로 학창 시절 반드시 공부를 해야 할 순간임에도 포기를 하는 바람에 시험을 망친 기억쯤은 누구에게나 있지 않은가. 다이어트나 규칙적인 운동은 많은 사람들이 도전하지만 대다수가 쉽게 포기하는 항목이다. 거창하게 계획을 세우지만 시작하고서 얼마 안 돼 포기하는 탓에 아무런 긍정적 변화도 얻지 못한 채 끝이 난다.

사실 원하는 목표를 성취하고자 한다면 '포기'해서는 안 된다. 포기를 하는 순간 실패든 성공이든 아무런 결과도 얻을 수 없다. 그럼에도 저러한 말이 유행하는 까닭은 무엇일까? 이는 우리 사회에 '허무'와 '좌절'의 감정이 만연해 있기 때문이다. "포기하면 편해."라는 말이 젊은이들에게 유독 공감을 받는 점도 그들이 처한 상황과 밀접하게 관련이 있다. 실제로 우리나라는 경기 침체가 장기화에 접어들었다. 제대로 된 사회생활의 기회조차 잡기 힘든 상황에서 아무리 발버둥을 처도 미래는 깜깜하고 바뀔 것은 없다는 비관적 생각이 지배적이다. 그러니 아등바등할 바에야 차라리 몸이라도 편하고 보자고 생각하는 것은 당연한 결과인지도 모르겠다. 실제 포기하지 않았더라도 현재의 암울한 상황 속에서 반쯤은 자조적으로 포기하면 편하다고 느끼는 사람들 또한 적지 않다.

포기하면 편하다. 몸은 확실히 편하다. 그런데 포기하고 보니 정말 편한가? 치열한 사회생활을 포기한 데 따른 반대급부로 몸은 편하니까 그걸로 위안이 될 만한가? 자신만 그런 것이 아니라, 비슷한 처지의 사람들이 널렸으니 나도 괜찮은 것일까? 하지만 정말 괜찮은가? 마음 한구석에 불편한 마음이 정말 1퍼센트도 없는가? 미래야 어떻게든 될 것이라고 스스로를 위안하지만 무슨 수를 써도 상황이 나아지지 않을 거라는 불안이 조금도 없는가? 몸은 편해졌지만, 대신 그 불편한 마음을 끌어안고 언제까지 버틸 수 있겠느냐는 말이다.

어른이 되고 싶다면, 포기해서는 안 된다. "나는 피터 팬처럼 네버랜드Neverland에 남을래."라고 외치고 싶을지 모르겠지만, 네버랜드는 이 세상에 존재하지 않는 장소이다. 게다가 영원히 어른이 되기를 거부한 피터 팬의 말과 행동이 곧 규율인 장소다. '잃어버린 아이들'은 늘 두목 피터 팬의 눈치를 보고 그에게 잘 보이기 위해 애쓰며 때로는 목숨이 위태로운 지경에 이르기도 한다. 따지고 보면 현실 세계와 별다를 바가 없는 곳이 네버랜드다.

얼마 전 이제 막 졸업을 앞둔 대학생 몇몇과 함께 이야기를 나누었다. 요새 무엇이 가장 관심사인지 물었더니 당연히 취업이라고 했다. 나름대로 준비를 많이 했으나 생각만큼 취직이 쉽지 않아 힘들다고들 했다. 그들 중 한 명은 아예 전공과 관련이 없는 공무원 시험 준비를 시작했다고 했다. 맛있는 밥을 먹으면서도 취업 애기가 나오자 바로 표정이 굳어지고 한숨을 내쉬는 학생들에게 나는 아무 생각 없이 "조금 힘들겠지만 그래도 더 노력하다 보면 분명 길이 열릴 것"이라고 말했다. 순간 다들 고개는 끄덕이고 있으나 전혀 공감하지 않는다는 것을 깨닫고 나는 적잖이 당황하고 말았다. 실제로 대학 졸업 후 몇 년간 하고 싶은 일을 찾지도 못하고 취직도 제대로 하지 못해 방황했던 내게서 이런 말이 쉽게 튀어나왔다는 사실에 깜짝 놀라고 많이 부끄러웠다. 그날 그 자리에서 하지 못한 말을 여기에 대신 적어 본다.

노력은 하지 않아도 좋다. 대신 절대 '포기'는 하지 마라.

본인이 원하든 원하지 않든 우리는 모두 반드시 승부가 결정되는 게임에 참여하고 있다. 누구나 자유로이 경제활동을 하는, 자본주의 시대를 살아가고 있기 때문이다. 행복과 직결되는 부를 더 많이 얻기 위해 현대인들은 바쁘게 하루하루를 살아간다. 그 부를 놓고 여기저기서 게임이 벌어지고 있으며, 경쟁은 더더욱 치열해져만 간다. 나는 그런 게임에 참여한 적 없다고 말하는 사람들도 있다. 하지만 본인이 게임을 주도하는 경우가 아니더라도, 사회인이라면 다른 누군가가 이끄는 팀의 구성원으로 참여하고 있는 것이다. 자신은 완전히 포기했다고 생각하지만 마음은 홀가

분하지 못하고 계속 불편한 까닭은 어쨌든 그러한 게임에 자신이 참여하고 있다는 사실을 인지하고 있어서이다. 자본주의 체제가 아닌, 전혀 다른 국가 운영 체제를 가진 나라로 떠나지 않는 이상 죽을 때까지 우리는 그 게임에 참여하고 있음을 부정할 수 없다. 어른이 되는 순간 포기가 불가능한 게임에 참여할 수밖에 없다면, 그에 걸맞은 준비와 노력을 통해 성과를 얻어내는 것 또한 '어른으로서 해야 할 일'이라고 할 수 있다.

물론 게임 자체에서 발을 뺄 수는 없지만 노력하지 않을 자유와 권리 또한 우리에게 있다. 그리고 이 지점에서 많은 이들이 착각을 한다. 노력하지 않을 자유와 권리를 '포기'라는 단어와 혼동하는 것이다. 다시 말하지만 노력하지 않아도 좋다. 하지만 포기라는 단어는 입 밖으로 내지도 말고 머릿속에서 완전히 지워야 한다. 그것만으로도 우리는 어른으로서 해야 할 일을 충분히 하고 있다고 할 수 있다.

솔직하게 돈을 아주 많이 벌고 싶다고 생각해도 좋다. 아니면 지금은 원하지 않는 일을 하고 있지만 언젠가 나의 꿈을 위해 도전에 나서겠다고 마음먹는 것도 좋다. 그 정도까진 아니어도 먹고살 걱정 없이 평범하게 살아가겠다는 소박한(?) 목표 또한 좋다. 그 무엇이 되었든 하나의 목표를 정해 그것만큼은 늘 잊지 말고 마음 깊이 간직해 보자. 비록 현재 상황이 여의치 않아 행동에 나서기는 힘들더라도, 그래서 노력을 할 수 없는 여건이더라도, 죽을 때까지 그 목표를 이룰 수 없을 것만 같더라도, 지금은 아무것도 하기 싫고 너무 힘들고 우울하더라도, 그 목표를 포기하지 않는 한 우리는 제대로 된 생각을 가진 어른으로 살아갈 수 있다. 그 목표가 언젠가는 스스로를 올바른 삶으로 이끌 것이기 때문이다.

앞서 포기하면 편하다는 말이 당연한 의미로 받아들여지고 있다고 말했다. 하지만 당연하다고 해서 진리라고 할 수 없다. 이는 사회적 혹은 시대적 상황에 의해 일부 계층에서 느끼는 일시적 현상에 불과할 수도 있다. 도리어 인류 역사 전체를 돌아보면 '당연하게도' 끝끝내 포기하지 않은 사람들이 역사를 만들어 왔다. 그런 의미에서 '포기하지 않는 삶'이야말로 역사에 각인된 인간 본연의 DNA라고 할 수 있다. 포기하지 않는 삶이 어른스러운 행동인 이유는 바로 여기에 있다.

〈슬램덩크〉에 나오는 "포기하면 편해."의 원래 대사는 바로 이렇다.

"마지막까지… 희망을 버려선 안 돼. 단념하면 바로 그때 시합은 끝나는 거야."

이처럼 포기하는 순간 희망 자체가 사라진다. 포기하지 않으면 삶이 조금은 불편할지 모르지만, 희망이 사라지는 순간 삶은 불행해진다. 지금 자신의 목표를 위해 행동에 나서기 힘든 상황이기에 아무 노력도 하지 않고 있는가? 그렇다면 아예 푹 쉬어라. 최대한 마음을 편히 먹고 놀고 싶은 만큼 놀아라. 그러다가 너무 놀아서 왠지 불편하다면? 그렇다면 언젠가 반드시 이루고자 하는 목표를 머릿속과 마음속에 각인하자. 그리고 절대 포기하지 않겠다는 생각을 늘 떠올리자. 그것만으로도 당신은 충분히 점점 더 어른스러운 사람이 되어 갈 것이다.

포기하면 정말 편하다!

07

스스로를 통제하지 못할 경우, 정상적인 삶에 방해된다는 점 외에 하나 더 심각한 문제가 있다. 그에 따르는 후유증이다. 시간 가는 줄 모르고 즐길 거리에 정신을 팔아본 사람들은 알 것이다. 무언가에 집중할 때는 정말 너무 좋지만, 마음 한구석은 왠지 불편한 경험 말이다. 이러한 행동 때문에 정상적인 삶이 방해받고 있다는 생각이 자꾸 샘솟는 것이다.

방금 전까지 우리는, 어른이라면 포기하면 안 되는 가치에 대해 알아보았다. 그리고 이번에는 포기해야 할 것들에 대해 이야기하고자 한다.

이따금 어른들이 아이들보다 더 아이들같이 행동할 때가 있다. 이따금? 가만 생각해 보자. 이따금이 맞는가? 아이들만큼이나 통제 불가능한 수준의 어른들이 적지 않다고 느낄 때가 생각보다 많지 않은가?

우리는 모두 어린 시절 부모나 학교 혹은 미디어에서 제시하는 사회적 약속과 규율에 대해 배워 나간다. 그 과정에서 인내심과 절제력을 체득한다. 하지만 성인이 되어 가정과 학교라는 울타리에서 벗어나는 순간 언제 그랬냐는 듯이 다시 어린 시절로 돌아가는 사람들이 많다. 통제하는 사람이 없으니 멋대로 하는 것이다. 법규를 어겨 가며 사고를 친다는 말이 아니다. 문제가 되는 부분은 일상생활이 불가능할 정도로 무언가에 집착하고 빠져드는 경우다.

혹시 자신의 행동이 무언가 잘못되었다고 깨달을 때가 있는 가? 꼭 해야 할 일이 있는데도 게으름을 피운다든가 약속을 잘 못 지킨다든가 하는 부분 말이다. 조금만 정신을 차리면 분명 발생 하지 않을 문제인데 매번 똑같은 문제가 발생할 때가 있다. 이럴 때는 그 문제 자체가 아니라 일상생활을 한번 살펴봐야 한다.

김놀자 씨(가명)는 요새 회사에서 무기력하다. 아무리 노력해 도 일이 손에 잡히지 않는다. 그러다 보니 업무에 차질이 생기고 상사에게 한두 마디 쓴소리를 듣기도 했다. 일전에는 쓴소리를 넘어 커다란 질책을 받기도 했다. 책상에는 앉아 있는데 일은 손 에 안 잡히고, 일과 내내 하는 행동이라고는 업무를 조금 보다가 SNS만 들여다보곤 한다. 그렇게 하루가 가고 오늘도 헛되이 보냈 다는 허무함에 사로잡혀 퇴근을 하는 날이 반복되고 있다. '왜 이 렇게 일이 손에 안 잡히지? 역시 이 일은 나랑 맞지 않는가 봐. 회 사 사람들도 다 짜증 나. 아, 정말 너무 피곤하다. 다 때려치우고 어디론가 홀쩍 떠나고 싶어.' 이런 생각을 하며 김놀자 씨는 붐비 는 지하철 안에서 다시 SNS에 접속하여 멋진 여행 사진들을 구경 하며 스스로를 달랜다. 그리고 집에 도착해 소박하지만 나름 정 성을 들여 차린 저녁 밥상을 찍어 자신의 SNS 계정에 올렸다. 요 리 솜씨는 그래도 제법인지라 자신이 만든 음식을 몇 번 SNS에 올 린 것이 많은 이들의 공감을 받았기에 근래에는 주기적으로 저녁상을 올리고 있다. 사진을 올리자마자 금방 알람이 울리고 댓글이 주르륵 달린다. 하루 중 가장 기분이 좋고 뿌듯한 순간이다.

문제가 무엇인지 깨달았는가? 앞서 제시된 정보만으로는 김놀자 씨가 왜 무력감에 빠지고 일에서 손을 놓았는지 제대로 알 수는 없다. 하지만 명확한 사실 하나는 알 수 있다. 바로 SNS다. 김놀자 씨는 종일 SNS만 붙들고 있다. 일을 하기 싫어서 SNS만 하는 것이 아니라, SNS만 하고 있어서 일을 못하고 있을 가능성이 다분하다. 상황이 이러한데 SNS 중독이라는 문제는 깨닫지 못하고 일이 자신과 맞지 않다거나 자신이 속한 조직의 구성원들 핑계를 대며 업무에 나태해진 이유를 엉뚱한 데서 찾고 있는 것이다.

SNS 없이 생활이 불가능한 시대라고들 한다. 요새는 남녀노소 가릴 것 없이 SNS를 한다. 그걸 억지로 막을 방법도 없고, 그럴 필요도 없다. 다만 미디어에서 입이 아플 만큼 언급했듯이 '중독'에 가까운 수준으로 빠져들면 문제가 된다. 특히 청소년들의 SNS, 유튜브 중독은 부모들과 학교 선생님들의 머리를 아프게 한다. 자신이 만일 부모라면 종일 스마트폰만 들여다보는 자녀를 가만두겠는가? 아이들은 분명 통제를 받게 되며, 꾹 참고 다른 활동을 하며 시간을 보낼 것이다.

어른의 경우는 다르다. 부모나 상사에게 한두 마디 잔소리는 들겠지만 마음껏 하고 싶은 대로 할 수 있다. 결국 자신이 깨닫지 못할 만큼 무언가에 집착 수준으로 빠져들면 일상은 그렇게 하릴없이 허물어지고 만다. SNS는 가장 대표적인 사례다. SNS만 그렇겠는가. 중독의 시대라 할 만큼 즐길 거리가 넘친다. 다른 사례로 게임을 들 수 있다. 한두 가지 게임 안 즐기는 사람이 없을 정도로 게임에 대한 관심은 높아지고 관련 기업들은 급속도로 성장하고 있다. 알코올중독 문제는 어떤가? 술 때문에 야기되는 사회적 문제가 큰 관심을 받을 만큼 알코올중독의 폐해가 심각하다. 합법이든 불법이든 도박에 손을 대는 사람들도 꾸준히 늘고 있다. 투자를 가장한 도박이라 할 수 있는 비정상적 재테크 또한 커다란 문제다.

스스로를 통제하지 못할 경우, 정상적인 삶에 방해된다는 점 외에 하나 더 심각한 문제가 있다. 그에 따르는 후유증이다. 시간 가는 줄 모르고 즐길 거리에 정신을 팔아 본 사람들은 알 것이다. 무언가에 집중할 때는 정말 너무 좋지만, 마음 한구석은 왠지 불편한 경험 말이다. 이러한 행동 때문에 정상적인 삶이 방해받고 있다는 생각이 자꾸 샘솟는 것이다. 실제로 모든 상황이 종료된 후 뒤따르는 허무함과 상실감은 만만치 않다. 여기서 정신을 차리고 일상으로 돌아오면 좋겠지만 여전히 집착하며 시간을 보내다 보면 허무와 상실을 넘어 우울해지고 이는 자책으로 이어진다. 심지어 자신은 무가치한 사람이라고까지 깎아내리고 깊은 절망에 빠지기도 한다. 이때쯤 되면 정상적인 사회생활이 불가능해진다. 자기가 좋아서 하는 행동이지만 결국 이로 인해 삶이 망가지게 된다.

우리는 업무를 비롯하여 그 무엇이든 일이 잘 진행되지 않으면 일 자체가 문제라고들 생각한다. 하지만 따지고 보면 다른 데 정신이 팔려 있어서 일을 제대로 진행시키지 못하는 경우가 훨씬 많다. 어린 시절부터 사회에 진입하기 전까지 늘 스스로를 통제하는 법을 배워 왔으면서도, 사회인이 된 후 여전히 자제력을 잃고 무언가에 집착하는 이들이 많다는 사실은 참으로 아이러니하다. 아무리 좋아도 포기할 때는 포기할 줄 알아야 한다. 따라서 집착에서 벗어나 스스로를 통제하는 것, 좋아하는 것을 때로는 포기함으로써 불편한 마음을 날려 버리는 것, 이것이야말로 어른으로서 반드시 갖춰야 할 품격 중 하나라고 할 수 있다.

한 가지 더, 정상적인 사회생활 범주에서도 포기해야 할 순간이 있다. 성공과 명예에 과도하게 집착한 나머지 주변에 피해를 주고 스스로를 망치는 경우가 이에 해당된다. 지금보다 더 높은 곳을 바라보고 온갖 열정을 쏟는 것은 좋다. 하지만 과욕은 늘 문제를 일으킨다. 조금 더 빨리 앞으로 가고자 타인에게 피해를 준다면 이는 결국 자신에게 화살로 돌아올 뿐이다. 잘나가는 정치인과 기업인들이 선망의 대상에서 순식간에 범법자가 되어 지탄을 받는 경우를 우리는 수없이 봐 왔다. 회사에서도 비슷한 모습을 종종 볼 수 있다. 성과 중심의 직장 생활에서 무능하면 문제가 되지만, 성과에 집착한 나머지 과욕을 부릴 때에도 문제가 된다. 다른 직원들에게 피해를 주면서까지 성공을 거둔다고 하면 누가 그러한 사람에게 진정으로 박수를 보내고 곁에서 함께 일하려 할까? 자신이 아무리 뛰어나다 해도 조금은 욕심을 포기하고 그 능력으로 여러 사람을 이끌고 함께 나아가려는 의지를 보여준다면, 조금 더 시간이 걸릴지언정 든든한 지원군을 등에 업고 탄탄한 성공의 길을 걸을 수 있다.

어른은 자기 하고 싶은 대로 행동하는 철부지가 아니다. 자신의 의지에 따라 얼마든지, 그리고 과감히 포기할 줄 아는 능력을 갖춰야 진정으로 어른이라고 할 수 있다. 지금 여러분의 일상은 어떤가. 혹시 계획한 바가 똑바로 진행되지 않거나 일이 전혀 손에 잡히지 않는가? 그렇다면 자신이 무언가에 미혹迷惑되어 있지는 않은지 먼저 살펴볼 일이다.

'들어주다'의 세 가지 의미 1

— 거절의 기술

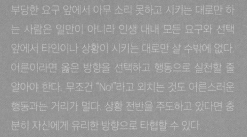

부당한 요구 앞에서 아무 소리 못하고 시키는 대로만 하는 사람은 일만이 아니라 인생 내내 모든 요구와 선택 앞에서 타인이나 상황이 시키는 대로만 살 수밖에 없다. 어른이라면 옳은 방향을 선택하고 행동으로 실천할 줄 알아야 한다. 무조건 "No!"라고 외치는 것도 어른스러운 행동과는 거리가 멀다. 상황 전반을 주도하고 있다면 충분히 자신에게 유리한 방향으로 타협할 수 있다.

어른이 되면 세 가지 '들어주기'와 자주 직면하게 된다. 이는 나이를 먹으면 먹을수록 관계의 범주가 넓어지고 사회적 책임이 증가하기 때문이다. '그런데 들어줄 것이 세 가지나 되던가?'라는 생각이 들 것이다. 어른의 들어주기에는 무엇이 있을까, 그리고 어떻게 들어줘야 할까?

첫 번째 들어주기는 말 그대로 '들어주다'의 사전적 의미인 "부탁이나 요구를 받아들이다."를 말한다. 학창 시절 타인에게 받는 요구라고 해 봤자 부모님이나 선생님 말씀, 친구들의 가벼운 부탁이 전부다. 대부분 "공부 열심히 해라.", "말 잘 들어라.", "체육복 좀 빌려 줘."와 같은 것들이다. 하지만 사회생활에서의 부탁이나 요구는 이를 어떻게 수행해 내느냐에 따라 사회생활의 성패가 결정되기 때문에 그 무게가 다르다.

사실 사회생활 중에도 일반적인 요구의 경우에는 대처가 수월하다. 상급자의 업무 지시가 대부분이기 때문이다. 능력껏 그 요구를 수행해 내기만 하면 된다. 이는 사회인이 되면 가장 기본적으로 해야 할 일이다. 문제는 그 요구가 부당할 경우 발생한다. 직장인들이 업무에서 받는 스트레스의 대부분이 여기에서 비롯된다. 일과 내내 힘들게 일에 매달렸음에도 야근을 해야만 하는 상황, 자신의 능력으로는 도저히 처리가 불가능한 업무를 떠맡은 상황 등이다.

나 역시 회사에 다니며 그와 같은 상황에 수도 없이 직면했었다. 그럴 때마다 대부분 참고 넘어가며 알아서 해결하는 스타일이었다. 야근을 밥 먹듯 했고, 잘 모르는 분야의 업무를 맡았을 때는 며칠을 끙끙대며 간신히 처리하곤 했다(나의 경우에는 일을 제대로 가르쳐 줄 선임도 거의 없었다). 그렇게 참고 참았다가 때로는 폭발하여 사장에게 찾아가 "도저히 못 해 먹겠습니다!"라며 소리를 지른 것도 몇 번 된다. 가만 생각해 보니 부당한 업무 요구를 받았을 때 반드시 하지 말아야 할 행동만 골라서 했다.

이제는 시대가 변했다. '일과 삶의 균형'을 의미하는 워라밸 Work-life balance이 대세다. 시간이 가면 갈수록 노동자의 권리를 위한 목소리는 점점 더 커지고 있으며, 정부 정책 역시 이에 부합하는 모양새다. 우격다짐으로 직원들을 굴리던(?) 기업들도 이제는 무리한 업무 추진이 아니라, 창의성이나 업무 효율의 극대화에서 해법을 찾으려 한다. 하지만 상황이 단번에 변하기란 어려운 일이다. 일주일 중 가장 행복한 시간인 금요일 저녁에도 밤늦은 시간까지 불이 꺼지지 않은 사무실들을 어렵지 않게 찾을 수 있다.

그렇다면 무리한 업무를 요구받을 경우 어떻게 대처해야 할까? 곧바로 칼같이 거절하고 싶지만 후폭풍이 두려워 갈등하거나 혹은 용기가 없어서 아무 소리 못하고 시키는 대로 하면서 속으로는 화를 키우는 직장인들이 대부분일 것이다. 하지만 둘 중 어떤 것을 선택해도 현명한 결정이라고 할 수는 없다. 어른이라면 충분히 문제를 분석할 수 있고, 행동하기 전에 최선의 결과를 이끌어 내는 방법을 고민할 수 있기 때문이다.

정말 말도 안 되게 무리한 업무를 강요하는 기업인이나 상사들이 여전히 존재하지만, 이러한 일부 케이스를 제외하면 대개는 나름대로의 기준을 가지고 그에 따라 업무를 맡긴다. 직원들이 업무 시간에 태만해 보인다든가 충분히 시간을 주었음에도 업무가 마무리되지 않을 때, 일은 진행되었으나 결과가 미흡할 때 특히 부수적으로 업무를 추진한다. 자신에게만 유독 잔업이나 본업 외의 업무를 강요한다면 평소 본인의 업무 수행이 남들이 보기에 만족스러웠는지를 살펴봐야 한다. 지각이 잦거나 일과 중 태만한 모습을 자주 보이지는 않았는가, 업무를 진행함에 있어 미숙한 점을 드러내지 않았는가 등이다. 그러한 점을 꼼꼼히 따져보았을 때에도 문제가 없어야 비로소 항변할 수 있는 요건이 갖춰진다.

부당한 업무를 거절할 때는 최대한 예의를 갖춰야 한다. 따지거나 대들듯이 무조건 할 수 없다, 내가 왜 해야 하느냐 식으로 반박하고서는 나름대로 똑 부러지게 대응했다고 생각하는 사람들이 있는데 이는 착각이다. 오히려 상사의 화만 돋우고 회사 내에서 자신의 평판이 나빠질 여지를 남길 뿐이다. 회사 내에서 평판이 나빠지는 이유는 '영향력'을 가진 윗사람에게 '찍혀서'인 경우가 적지 않다는 사실을 잊지 말자. 자신에게 문제가 없다면 둘만있는 자리에서 정중하지만 자신 있게, 내가 왜 이 업무를 해야 하는지를 물어 상대의 의도를 파악하고 수용할 수 있는 선에서는 먼저 수용하는 자세를 취하는 것이 좋다. 하지만 자신의 능력으로는 해결이 안 되거나 과도한 잔업으로 이어지는 일이라면 왜 할수 없는지를 논리적으로 설명하고 다른 대안을 제시하는 것이 거절의 올바른 형태다. 박 부장과 김 대리, 이 대리의 사례를 보자.

박 부장: 김 대리.

김 대리: 네, 부장님.

박 부장: 상반기 A프로젝트 결산 보고서를 내일 점심까지 좀 제출해 줘.

김 대리: 네? 내일까지요? 그건 안 되는데요.

박 부장: 뭐? 왜 안 되는 거지?

김 대리: 내일까지는 불가능합니다. 오늘 늦게까지 야근해야 겨우 처리할
　　　　수 있을 텐데 저는 오늘 야근 못 합니다.

다른 직원들이 다 보는 앞인데, 도리어 따지고 드는 김 대리에
게 박 부장은 화가 나서 결국 언성을 높인다.

박 부장: 하라면 하지 뭔 말이 그렇게 많아? 위에서 시키면 무조건 야근
　　　　이라도 해서 마무리해야 할 거 아냐!

김 대리: 오늘 선약이 있는데 갑자기 퇴근 전에 야근을 시키시면 어쩌란
　　　　말입니까?

박 부장: 그래? 윗사람 말이 우습다, 이거지? 알았어. 맘대로 해 봐.

이후 사무실은 찬물을 끼얹은 듯 조용해지고, 다른 직원들마
저 냉랭한 분위기 속에서 눈치를 보며 일을 해야 한다. 이번에는
이 대리를 보자.

박 부장: 이 대리.

이 대리: 네, 부장님.

박 부장: 상반기 A프로젝트 결산 보고서를 내일 점심까지 좀 제출해 줘.

아주 잠시 고민에 잠긴 이 대리는 좀 더 자세를 숙이고 다른
사람들이 거의 듣지 못할 정도의 목소리로 차근차근 대화를 이어
간다.

이 대리: 내일까지 말씀입니까? 그러면 야근을 해야 하는데 제가 오늘 저
　　　　녁에는 빠질 수 없는 가족 행사가 있습니다.

박 부장: 아, 그래? 근데 일정이 당겨져서 내일까지는 제출이 돼야 하는데 말이야.

이 대리: 네, 결산 보고서가 중요한 작업인지라 저도 집중하고 있습니다. 내일 일과 마치기 전까지는 가능합니다, 부장님.

박 부장: 나도 자네가 애쓰는 건 아는데 위에서 점심까지는 꼭 제출하라고 하네. 아무래도 해줘야 할 거 같은데.

이 대리: 네, 잘 알겠습니다. 그렇다면 제가 맡고 있는 다른 일을 잠시 중단하거나 가능하다면 다른 직원과 분담할 수 있을까요?

박 부장: 지금 그 일 말고 또 무슨 일 하고 있지?

이 대리: 다음 주 수요일까지 제출하라고 하신 익년 일사분기 업계 동향 분석 작업도 함께 진행 중입니다. 제 사정도 너그러이 살펴봐 주시면 감사하겠습니다.

이 대리가 깍듯이 부탁해 오자 잠시 고민에 잠긴 박 부장은 알겠다는 듯이 고개를 끄덕인다.

박 부장: 그러면 뭐, 할 수 없지. 업계 동향 분석은 금요일까지 제출하고 우선 이 일 부탁해. 오늘 저녁 행사 잘 갔다 오고.

이 대리: 네, 감사합니다. 부장님!

김 대리와 이 대리 중 똑 부러지는 사람은 누구인가? 거절에도 기술이 있는 법이다. 무조건 안 된다가 아니라 주도권을 쥐고 상대와 협의를 해 가며 쌍방 최선의 결과를 이끌어 내는 것이 바로

'어른스러운 거절'이다. 여기서 '주도권'이 중요하다. 이 대리는 낮은 자세와 깍듯한 말투로 상대방이 윗사람임을 명확히 하고 있지만 대화의 전반은 자신이 주도한다. 요구를 거절할 수밖에 없는 이유를 조목조목 말하는 데 그치지 않고 대안까지 제시한다. 더불어 본인은 회사 일에 매진하고 있다는 사실을 은연중에 드러내는 동시에 자신의 사정을 굽어볼 것을 요구하고 있다. 상대방이 연배와 직책이 높더라도 예의와 자신감, 논리를 바탕으로 대화의 주도권을 쥘 수만 있다면 얼마든지 부당한 요구에 맞설 수 있다.

주도권은 단지 거절을 잘하기 위해서만 존재하는 게 아니다. 평소 좀 더 여유로운 업무 수행을 위해서도 주도권이 필요하다. 완벽히 자신의 지배하에 있어야 할 일을 감당하지 못하고 질질 끌려다니는 사람들이 많다. 이런 경우 보통은 과도한 업무를 원인으로 꼽는다. 이럴 때에는 우선 자신에게 일을 맡기는 상사와 일정이나 일의 양을 사전에 합의하는 기지를 발휘해야 한다. 능력 내에서 업무를 마칠 수 있는 기한을 설정하고 제시하여 상사에게 명확한 대답을 이끌어 내는 것이다. 그리고 업무가 시작된 후에는 일이 어떻게 돼 가고 있는지를 상대방이 묻기 전에 미리 간략히 보고하는 센스도 필요하다. 일이 어느 정도 진척되었으며 끝나는 시점은 언제가 될 것이며 보완이나 개선해야 할 사항 등을 간단히 알리는 것이다. 상황이 궁금하여 물어보려는 찰나에 먼저

다가와 업무가 차질 없이 진행되고 있음을 보고하는 직원을 무시하고 평가절하 하는 상사는 없다. 그리고 그렇게 한다면 상사가 그 직원에게 다른 업무를 맡기려다가도 명확히 진행하고 있는 일이 있음을 깨닫고 재고再考하게 된다. 이렇듯 자신이 어느 위치에 있든 업무의 주도권을 쥐고만 있다면, 회사생활은 훨씬 수월해질 것이다.

부당한 요구 앞에서 아무 소리 못하고 시키는 대로만 하는 사람은 일만이 아니라 인생 내내 모든 요구와 선택 앞에서 타인이나 상황이 시키는 대로만 살 수밖에 없다. 어른이라면 옳은 방향을 선택하고 행동으로 실천할 줄 알아야 한다. 무조건 "No!"라고 외치는 것도 어른스러운 행동과는 거리가 멀다. 상황 전반을 주도하고 있다면 충분히 자신에게 유리한 방향으로 타협할 수 있다. 비단 회사 내에서 일을 할 때만이 아니다. 자기 인생을 마음대로 주도하지 못하는 사람이 어떻게 원하는 바를 얻고 행복한 삶을 영위할 수 있겠는가. 지금 자신이 어느 위치, 어느 상황에 있든 '주체主體'가 되고자 노력하고 어떻게 주도권을 쥘 것인지 고민해야 한다.

지금껏 요구를 받는 입장에서 어떻게 대응해야 할지에 대해 조금은 길게 이야기했다. 사실 이보다 더 하고 싶은 얘기는 따로 있다. 자신이 진정으로 성숙한 어른이라면 그 누구에게도 부당한 요구를 하지 마라. 부당한 요구를 하고서는 합리화하지 마라. 나이가 많다고, 직책이 높다고 아랫사람들을 막 대하지 마라. 친밀하다는 이유로 가족, 친구, 연인에게 무리하게 부탁하지 마라. 상대방이 어려워하거나 바로 거절을 한다면 자신의 요구나 부탁에 문제가 없는지부터 살펴라. 그게 먼저다.

'들어주다'의 세 가지 의미 2
— 경청의 기술

"웅변은 은, 침묵은 금."이라 했다. 아무리 좋은 말, 잘하는 말이라도 때때로 침묵이 말보다 더 효과적이고 효율적일 수 있다. 그리고 소통에 있어 '때때로'라고 한정 지을 수 없을 만큼 침묵은 위력적이다. 서로 자신만의 의견을 내세운다면 대화가 끝날 때까지 뜻은 일치되지 못한다. 양보와 이해를 바탕으로 타협점을 찾아야만 어느 순간 합일(合一)이 이루어진다.

정치인들의 토론회나 청문회를 볼 때마다 참으로 마음이 심란해진다. 다들 배울 만큼 배운 사람들일 터인데 말본새만 보면 정치인으로서의 자질을 의심하지 않을 수 없다. 상대방을 향한 비방과 폭언이 난무하고 이를 가볍게 무시하거나 더욱 폭력적으로 맞받아치는 경우가 허다하다. 논리에 근거하기보다는 다툴 필요가 없을 만큼 작은 약점이나 말실수 하나를 물고 늘어지면서 상대를 매도한다. 조금만 마음에 들지 않으면 고함부터 내지르고 때로는 전 국민이 다 보는 앞에서 비속어도 모자라 욕설까지 내뱉곤한다. 초등학교 교실에서도 이런 식의 난장판은 벌어지지 않는다 (비유 대상으로 삼은 초등학생들에게 미안할 정도다). 정치권을 향한 대중의 불신과 무관심이 점점 커져서 문제라고들 하는데, 원인은 스스로 품위를 바닥까지 끌어내리는 정치인들의 언행에 있다.

물론 정치인만 기품 있는 말하기를 해야 하는 것은 아니다. 우리 모두가 격식을 갖춰야 할 자리에서는 일정 수준 이상의 말하기를 구사할 줄 알아야 한다. 하지만 말하기란 '말처럼' 쉽지 않다. 옷을 입을 때만 TPO^{Time·Place·Occasion}를 고려해야 함은 아닐 텐데도 상대나 상황을 전혀 생각하지 않고 예의를 갖추어야 할 자리임에도 함부로 말하는 사람들이 있다. 수줍음 많은 다섯 살짜리 꼬마처럼 자기 의견은 전혀 드러내지 못하고 늘 우물쭈물하는 사람들도 있다. 혹자는 쉴 새 없이 말은 하고 있는데 그 내용이 핵심에서 벗어나 사변四邊에서만 맴돌기도 하고, 누군가는 과도한 추임새나 제스처를 남발하여 대화 자체를 방해하기도 한다.

그렇다면 말을 잘한다는 것은 무엇인가. 또 말을 잘하는 것과 대화를 잘 이끈다는 것은 같은 의미일까? 사회생활의 꽃이라 할 수 있는 소통은 또 어떠한가. 말과 대화와 소통 사이에는 어떤 관계가 있을까?

여러분이 생각하는 '말 잘하는 사람'은 어떤 사람인가. 몇 가지 이미지가 떠오를 것이다. 유려함을 뽐내듯 말문에 막힘이 없는 사람, 뚜렷한 어조와 잘 들리는 목소리로 청자의 귀에 말을 쏙쏙 집어넣는 사람, 풍부한 지식을 바탕으로 어떤 사안과 마주하든 자기 의견을 당당하게 내거나 다른 이들이 미처 깨닫지 못한 사실을 말로 콕콕 짚어 주는 사람 등이다. 그런데 조금 억지를 부려 말 잘하는 사람들의 장점을 깎아내리면 이렇게 볼 수도 있지 않을까?

말문에 막힘이 없는 사람 → 자기 할 말만 하는 사람

뚜렷한 어조와 잘 들리는 목소리로 말하는 사람 → 목소리만 큰 사람

지식을 바탕으로 당당히 말하고 깨달음을 주는 사람 → 잘난 척만 하는 사람

사실 따지고 보면 말 잘하는 사람의 기준을 명확히 세우기란 어렵다. 상황에 따라, 말을 하는 사람의 태도에 따라, 말을 듣는 사람의 마음가짐 혹은 성격에 따라 달변達辯은 그냥 평범하게 변하거나 무례한 말씨로까지 그 가치가 떨어질 수도 있다. 위에서 언급한 말 잘하는 사람들의 특징은 사실 일상보다는 연설이나 강연, 발표와 같이 공식적이면서 동시에 화자話者와 청자聽者의 관계가 어느 정도는 일방적인 상황일 때 통용되는 기준이라 봐야 할 것이다.

여러분의 일상을 잠시 떠올려 보라. 우리가 말을 하는 경우는 지인과의 대화가 대부분이다. 대화는 "마주 대하여 이야기를 주고받음. 또는 그 이야기."를 의미한다. 마주 보고 있지는 않지만 전화 통화도 포함된다. 시대가 시대인 만큼 인터넷으로 나누는 채팅 또한 대화의 개념이다. 이렇듯 둘 이상의 사람이 이야기를 나누는 행위는 모두 대화라 할 수 있다. 대화에서 말을 잘한다는 것은 어떤 의미인가? 말을 잘하면 대화도 잘하는 것인가? 그에 앞서 대화에 '잘한다'라는 개념을 적용할 수 있는가를 먼저 고민해야 한다.

말을 잘한다는 소리는 많이 들어보았어도 대화를 잘한다는 소리는 듣기 힘들다. 말을 잘하는 능력은 청자를 상대로 특정 주제를 전문적이고 명확하게 전달해야 하는 화자에게 필요한 것이다. 말 그대로 가벼운 잡담과 논의, 지시나 부탁 등이 주를 이루는 일상적 대화에서는 그 정도의 스킬이 요구되지 않는다. 그러한 까닭에 잘한다는 개념을 대화에 적용하기에는 무리가 있다. 대화를 잘한다 대신 대화를 잘 이끈다는 말은 종종 들어보았을 것이다. 이야기가 끊이지 않게, 대화를 주도해 나가는 경우라 할 수 있다. 하지만 어느 한쪽이 대화를 잘 이끈다고 해서 좋은 대화라고 할 수 있을까? 오로지 목적의 달성, 의견의 피력, 주장의 관철을 위해 어느 한쪽이 대화를 이끈다면 좋은 대화라 하기 힘들다. 잡담 수준에 불과한, 아무리 작은 사안에 대해 나누는 이야기라도 상호 만족할 만한 감정적 유대와 교류가 이루어지고 이를 바탕으로 서로 웃으며 이야기를 끝낼 수 있어야 좋은 대화라 할 수 있다. 그리고 좋은 대화를 위해 반드시 필요한 부분이 바로 '소통'이다.

소통이라고 하면 보통 사전적으로 "가지고 있는 생각이나 뜻이 통함."을 의미하는 의사소통意思疏通을 말한다. 여기서 '뜻'이 중요하다. 이 세상에 자기 뜻대로 살아가고 싶지 않은 사람은 없다. 그리고 모든 사람의 뜻은 저마다 다르다. 그래서 사회생활을 잘해 나가고 타인과 원활한 관계를 유지하려면 '뜻'을 일치시키려는 노력이 필요하다. 소통을 잘하는 사람은 바로 이러한 노력을 실천하는 사람이다. 그렇다면 소통을 잘하기 위해서는 무엇을 해야 할까?

여기서 우리가 현재 다루고 있는 '들어주다'의 두 번째 의미가 등장한다. "다른 사람의 말이나 소리에 스스로 귀 기울이다."의 '듣다'와 보조동사인 '주다'가 합쳐진 '들어주다'이다. 소통을 잘하기 위해 가장 필요한 것은 상대의 이야기를 귀 기울여 '들어+주는' 것, 바로 '경청傾聽'이다.

"웅변은 은, 침묵은 금."이라 했다. 아무리 좋은 말, 잘하는 말이라도 때때로 침묵이 말보다 더 효과적이고 효율적일 수 있다. 그리고 소통에 있어 '때때로'라고 한정 지을 수 없을 만큼 침묵은 위력적이다. 서로 자신만의 의견을 내세운다면 대화가 끝날 때까지 뜻은 일치되지 못한다. 양보와 이해를 바탕으로 타협점을 찾아야만 어느 순간 합일合一이 이루어진다. 진짜 어른이라면 상대가 누구든 존중할 줄 안다. 또한 모든 행동에 앞서 사려思慮 있게 행동한다. 상대방이 하고 싶은 말을 모두 할 때까지 가만히 입을 다물고 귀 기울이며 한 번 더 자신이 피력할 의견에 대해 검토하는 '경청'이야말로 대화를 할 때 가장 어른스러운 행동이다. 이견異見이 생겼을 때, 생각을 정리하지 못하고 순간순간 하고 싶은 말을 전부 쏟아 내는 사람과 깊이 생각한 후 단지 몇 마디로 자기 의견을 차분하게 정리하는 사람 중 더 여유롭고 유리한 쪽은 누구이겠는가. 말은 훨씬 적게 하면서도 대화를 주도하고, 쌍방 모두 만족하지만 자기에게 조금이라도 더 유리한 결과를 이끌어 내는 쪽은 분명 후자일 것이다.

한쪽이 다른 한쪽에게 가르침을 주어야 하는 상황일 때도 마찬가지다. 말로 잔뜩 풀어내며 억지로 지식을 주입하는 것보다는 상대방의 의견에 먼저 귀 기울이고 몇 마디 촌철살인寸鐵殺人으로 깨달음을 이끌어 내는 쪽이 훨씬 효과적이지 않을까? 실제로 요즘 사람들은 남들이 하는 얘기를 곧이곧대로 들으려 하지 않는 경향이 있다. 자신의 지식이나 경험이 부족함을 알고 있음에도, 의견을 내세우는 데 있어 굽힘이 없다. 이럴 때 강압적으로 상대의 기를 꺾고 가르치려 해 봤자 역효과만 날 뿐이다. '상대가 가진 지식과 의견을 존중한다는 전제' 아래 질문과 대답을 주고받으며 스스로 깨달음을 얻도록 유도하는 것도 하나의 방법이다. 가르치는 자는 경청 후 몇 마디 질문을 통해 진리로 향하는 길을 틔워 주고, 가르침을 받는 자는 답변을 해 나가는 과정에서 자신의 오류와 무지를 깨닫는 대화. 마치 소크라테스Socrates의 산파술産婆術, maieutike 처럼 말이다.

어린아이는 통제하지 않으면 하고 싶은 말을 다 한다. 하지만 사회는 선생님이 들어오기 전의 떠들썩한 초등학교 교실이 아니다. 어른이라면 절제할 수 있어야 한다. 말을 할 때도 마찬가지다. 먼저 듣고, 한 번 더 생각한 후, 침착하게 말하며, 그렇게 서로의 뜻을 맞춰 나갈 수 있어야 한다. 그게 바로 소통 능력이다. 여러분은 자기 말부터 꺼내는 사람인가, 우선 상대의 말을 끝까지 듣는 사람인가. 분명 고민해 볼 문제다.

'들어주다'의 세 가지 의미 3

― 존중의 기술

10

우리네 평범한 사람들 중에서도 잘나가던 사람이 하루 아침에 주변에서 명망을 잃고 지탄을 받는 경우를 흔히 볼 수 있다. 이유는 불 보듯 뻔하다. 지나친 '자만과 과신' 때문이다. 아무리 잘나가더라도 늘 자세를 낮추고 겸손함을 잃지 않는다면 그렇게 명성이 바닥을 칠 일은 없다. 높은 곳에 오르지 않았는데 어떻게 추락할 수 있겠는가?

경청의 근간을 이루는 존중은 대화를 나눌 때에만 필요한 것이 아니다. 어른은 어떤 상황에서든, 상대가 누구든 존중을 바탕으로 타인을 대해야 한다. 이는 예의범절을 지키는 것과는 다른 문제다. 진심에서 우러나오는 행동이 아니라면 예의는 그 의미가 퇴색하고 만다. 윗사람에게는 별수 없다는 듯 마지못해 예의를 지키거나, 동료나 아랫사람에게는 '편하게 대해도 될 상대니까 이 정도는 괜찮겠지.' 하며 당연하다는 듯 예의를 안 지키는 사람들이 있다. 참다못한 상대방이 지적이라도 하면 내가 언제 그랬느냐며 발뺌을 하거나 뭐 그럴 수도 있지 않느냐며 상황을 무마시키려 한다. 제발 그러지 말자. 눈에 다 보인다. 그런 식의 행동에는 상대방을 얕잡아 보는 마음이 깔려 있기 때문에 반드시 티가 나기 마련이다.

적지 않은 이들이 이런 식으로 행동하는 이유는 '존중은 오로지 타인을 위한 행동'이라고 착각하기 때문이다. 나만 손해라는 것이다. 존중을 이익과 손해의 관점으로 생각하는 것부터 잘못된 일이다. 존중은 상대방을 하나의 온전한 인격체로 인정함을 의미한다. 그리고 타인을 향한 존중을 포기한다면 이는 자신도 그렇게 대접받을 권리를 포기하는 것과 마찬가지다. 손익의 관점이 아니라 우리가 인간이기에 마땅히 해야 할 행동이라는 말이다. 좀 심하게 말하자면 존중의 포기는 곧 '인간이기를 포기하는 것'과 다름없다.

모든 인간에게는 자유롭고 행복하게 살 '권리'가 있다. 굳이 그 권리가 무엇인지 어렵게 인류학을 공부하거나 철학서를 뒤적일 필요도 없다. 대한민국 헌법을 보자. '국민의 권리와 의무'에 대해 다룬 헌법 제2장은 다음과 같이 시작한다.

"모든 국민은 인간으로서의 존엄과 가치를 가지며, 행복을 추구할 권리를 가진다."(제10조 일부)

이것이 바로 헌법에 보장돼 있는 "국민이 인간으로서의 행복을 추구할 수 있는 권리"인 행복추구권幸福追求權이다. 바로 이어지는 제10조의 나머지 내용은 "국가는 개인이 가지는 불가침의 기본적 인권을 확인하고 이를 보장할 의무를 진다."이다. 즉 국가는 국민 개개인의 행복추구권을 살피고 보장해야 할 의무가 있다. 자유롭고 행복한 삶을 추구하려는 개인의 의지를 국가도 억압할 수 없는데, 하물며 일개 타인이나 기타 집단이 이 행복추구권을 침해한다는 것은 더더욱 안 될 말이다.

그러나 현실은 그렇지 못하다. 행복한 삶으로 향하는 길은 험난하기만 하고, 행복추구권은 재력과 권력 앞에서 유명무실하다. 힘없는 사람들은 그렇게 평생 행복이란 무엇인지 깨닫지도, 제대로 누리지도 못하고 하릴없이 늙어만 간다. 그 힘이라는 문제를 떠나, 평범한 우리네 일상을 돌아봐도 달라지는 것은 없다. 소소한 행복이라도 찾고 싶지만 그마저도 자신과 비슷한 처지의 타인들에 의해 무시당하고 짓밟히기 일쑤다. 이러한 현상들의 원인을 국가에게 돌리거나 개개인의 인격적 문제로 치부할 수 있지만, 그보다는 '우리 사회 전반에 존중 의식이 부족하다'는 데서 찾아야 한다.

인간은 사회를 떠나서는 살 수 없음을 감안할 때, 개인이 일상에서 행복을 추구하고자 한다면 주변의 지지가 반드시 필요하다. 즉 자유의지에 대한 존중이다. 하지만 존중심 가득해야 할 곳에는 이기심만이 팽배하고, 그 여파로 충돌과 다툼이 끊이지 않는다. 행복을 향한 자유의지는 분명 헌법에도 명시된 '인간으로서의 당연한 권리'이다. 하지만 그 권리를 누리려면 나를 향한 타인의 존중이 전제되어야 하고, 타인의 존중을 원한다면 내가 먼저 타인을 존중해야 한다. 존중의 포기가 곧 인간다움의 포기라고 한 이유가 여기에 있다.

그렇다면 어떻게 존중할 것인가? 표준국어대사전은 존중을 "높이어 귀중하게 대함."이라고 정의한다. 여기서 '들어주다'의 세 번째 의미를 찾을 수 있다. 상대를 ^(높이) '들어주는' 것이 바로 존중이다. 그렇다면 존중은 어떻게 하는 것인가? 상대를 높이라고 했는데 어떻게 높이라는 말인가? 나이나 지위를 불문하고 꼬박꼬박 존댓말을 하거나, 상대방의 의견이 어떠하든 무조건 굽실거리는 예스맨이 되면 되는 걸까? 말도 안 되는 소리라는 것은 여러분이 더 잘 알 터이다.

타인을 존중하는 법은 의외로 간단하다. 억지로 상대를 높이는 것이 아니라, 언제나 스스로를 낮추기만 하면 된다. 자신을 낮춤으로써 자연스레 상대를 높이는 것, 바로 이것이 존중의 기술이다. 모든 관계에 있어 겸손(남을 '존중'하고 자기를 내세우지 않는 태도가 있음)한 언행을 생활화하는 것만으로 우리는 충분히 존중심 넘치는 사람이 될 수 있다.

여기 한 어린아이가 있다. 아이와 같은 높이에서 눈을 맞추고 아이의 작은 목소리에 귀 기울이는 방법은 무엇일까? 아이를 높은 곳에 올라오게 하거나 아이를 번쩍 들어 가까이하는 방법도 있겠지만, 가장 효율적인 방법은 어른이 자세를 낮추는 것이다. 앞의 두 경우는 어느 한쪽이 큰 힘을 들여야 하지만, 후자는 아주 간단한 수고만 필요할 뿐이다.

혹자는 겸손을 그저 미덕美德으로 치부하기도 한다. 안 해도 그만이라는 이야기다. 하지만 사회생활을 성공적으로 이끌기 위해서라도 겸손은 미덕으로 그치는 게 아니라 생활화되어야 한다. 수많은 정치인이나 기업가, 연예인들의 인기가 하늘 높은 줄 모르고 치솟다가도, 그 명성이 곤두박질치는 광경을 어렵지 않게 목격할 수 있다. 이들만이 아니다. 우리네 평범한 사람들 중에서도 잘나가던 사람이 하루아침에 주변에서 명망을 잃고 지탄을 받는 경우를 흔히 볼 수 있다. 이유는 불 보듯 뻔하다. 지나친 '자만과 과신' 때문이다. 아무리 잘나가더라도 늘 자세를 낮추고 겸손함을 잃지 않는다면 그렇게 명성이 바닥을 칠 일은 없다. 높은 곳에 오르지 않았는데 어떻게 추락할 수 있겠는가?

존중과 더불어 우리가 잊지 말아야 할 단어가 하나 더 있다. 바로 '배려'다. "도와주거나 보살펴 주려고 마음을 씀"을 의미하는 배려가 절실한 세상이다. 지금 우리 사회에서 벌어지는 수많은 논란과 분쟁은, 앞에서 언급한 권력과 재력 같은 '힘'의 쏠림 현상이 원인이다. 힘의 편중과 독점 현상은 정치권의 의도와 민중의 바람과는 반대로 시간이 흐르면 흐를수록 심각해지고 있다. 이러한 현상의 완화와 갈등의 해소는 결국 힘을 가진 자들이 그렇지 못한 자들을 향해 존중심을 보이고 배려를 실천하는 길뿐이라고 강조하고 싶다.

상생相生은 본디 음양오행설에서 비롯된 말로 "금金은 수水와, 수는 목木과, 목은 화火와, 화는 토土와, 토는 금과 조화를 이룸"을 뜻한다. 2016년이 되어서야 상생의 두 번째 의미로 "둘 이상이 서로 북돋우며 다 같이 잘 살아감"이 추가되었다. 상생의 의미가 확장된 후 현재는 본래 뜻보다는 "둘 이상이 서로 북돋우며 다 같이 잘 살아감"의 뜻으로 더 많이 쓰이고 있다. 지금 우리 사회에 가장 필요한 가치가 상생이기 때문이다. 상생은 타인을 향한 존중과 배려 없이는 이루어질 수 없다. 나 자신의 인간다움을 위해서라도, 나의 행복을 위해서라도 우리는 존중이라는 가치를 절대 포기해서는 안 된다.

선생님은 학교에 가서 찾으세요

11

나이가 많다는 이유로, 경력이 오래되었다는 이유로 선생님처럼 구는 사람들과 마주하는 순간이다. 업무에 대해서든 인생에 대해서든 가벼운 조언에 그치지 않고, 그저 윗사람이라는 이유 하나로 상대방이 불편할 만큼 일장 연설을 늘어놓는 사람들이 있다. 한발 더 나아가 근거 없는 비판이나 무시를 하며 불쾌하게 만들기도 한다. 누가 그런 사람들을 선생님이라고 생각할까? 그런 이들은 아랫사람들에게 그저 '꼰대'일 뿐이다.

선생님의 가장 기본적인 의미는 "학생을 가르치는 사람"을 뜻하는 선생先生의 높임말이다. 하지만 사회생활 중 맞닥뜨리는 선생님의 의미는 조금 다르다. "성姓이나 직함 따위에 붙여 남을 높여 이르는 말"로 주로 쓰이며 "어떤 일에 경험이 많거나 잘 아는 사람을 비유적으로 이르는 말"로도 사용된다. 적절한 상황에서 선생님 자격을 갖춘 사람이 합당한 대우를 받으려 하는 것은 당연하다. 문제는 아무리 봐도 선생님이 되기에는 자질이 부족하면서, 선생 '노릇'을 해대는 사람들이 많다는 데 있다.

연배가 높은 사람들과 함께하다 보면 이따금 위화감이 들 때가 있다. 나이가 많다는 이유로, 경력이 오래되었다는 이유로 선생님처럼 구는 사람들과 마주하는 순간이다. 업무에 대해서든 인생에 대해서든 가벼운 조언에 그치지 않고, 그저 윗사람이라는 이유 하나로 상대방이 불편할 만큼 일장 연설을 늘어놓는 사람들이 있다. 한발 더 나아가 근거 없는 비판이나 무시를 하며 불쾌하게 만들기도 한다. 누가 그런 사람들을 선생님이라고 생각할까? 그런 이들은 아랫사람들에게 그저 '꼰대'일 뿐이다.

지금 이 글을 쓰는 나 자신도 이따금 꼰대라는 소리를 듣는다. 그럴 때마다 화들짝 놀라며, 아직은 그런 나이가 아니라고 손사래를 치지만 얼마쯤 시간이 지나 곰곰 그 상황을 돌아보면 '아, 내가 꼰대같이 굴었구나.' 반성하곤 한다. 누군가에게 '꼰대'라는 소리를 직접적으로 들었을 때 얼굴이 빨개지지 않는 사람은 드물다. 빨개진 얼굴에는 자신이 꼰대임을 들켰다는 부끄러움과 나는 그런 소리를 들을 사람이 아니라는 반박에서 비롯된 언짢음이 공존한다. 또한 꼰대라고 하면 보통은 곧잘 나이가 좀 있는, 중년 정도의 세대를 먼저 떠올리는데 나이가 어린 사람들 중에서도 꼰대처럼 행동하는 이들이 생각보다 많다. 꼰대는 늙은이나 선생님을 일컫는 은어이지만 현실에서 꼰대의 나이는 의미가 없다. 그렇다면 특히 어떤 사람들이 꼰대로 불릴까? 주변에서 곧잘 꼰대로 인식되는 사람들에게는 공통적으로 나타나는 성향이 몇 가지 있다.

첫째, 언행이 일치하지 않는다.

아무리 뜻깊고 도움이 될 만한 조언이라 하더라도 그 말을 건넨 사람의 행동이 완전 딴판이라면 어떤 생각이 들겠는가? 그 조언은 빛을 잃고 한순간에 가치가 급락할 것이다. 행동으로는 옮기지 못할, 번드르르한 말만 하는 그 사람 또한 '허세만 가득한 꼰대'로 생각될 뿐이다(언행일치에 대해서는 다른 에피소드에서 좀 더 자세히 다룬다).

둘째, 가르친다는 행위에 집착한다.

내가 나이와 경력이 더 많으니 당연히 더 많이 알고 있다는 자만심에 도취하여, 마구잡이로 선생질을 남발하는 경우다. 이럴 경우 정확한 정보나 유익한 조언의 전달을 넘어 사사건건 상대방의 일상에 참견하기 마련이다. 나이를 먹을 만큼 먹은 사람이 부모도 학교 선생님도 아닌 사람에게 일일이 참견을 받는다면 그만큼 불편한 일도 없지 않겠는가.

셋째, 개똥철학을 늘어놓는다.

아무리 좋은 의도로 조언을 건넨다 해도 알맹이가 구태의연한 내용이라면 차라리 하지 않는 게 낫다. 개똥철학은 "대수롭지 아니한 생각을 철학인 듯 내세우는 것을 낮잡아 이르는 말"이다. 자신이 상대방의 나이였을 때는 통용되는 가치였다 하더라도 현재에 와서는 별다른 의미가 없거나 틀린 것일 수도 있다. 더군다나 요즘처럼 가속도가 붙은 듯 변하는 세상에서는 '이것이야말로 완벽한 철학적 명제'라며 함부로 자신의 주장을 내세워서는 안 된다. 시대의 흐름을 읽지 못한 철학은 금세 빛이 바래고 시시껄렁한 개똥철학으로 변하기 때문이다.

진짜 선생님은 학교에 가야 있다. 그리고 학교 밖에서 진정으로 '선생님'이라고 불릴 만한 사람을 찾기란 쉬운 일이 아니다. 어쭙잖은 지식과 알량한 권력으로 선생을 자처하는 사람들은 껍데기를 벗겨보면 실상 꼰대인 경우가 대부분이다. 그렇다고 해서 누군가를 가르치는 일을 멈출 수도 없다. 사회생활을 해 나가다 보면 인생이든 업무든 선배로서 후배에게 도움을 줘야 할 상황에 반드시 마주치게 된다. 경험으로부터 빚어진 지식의 끊임없는 대물림이 바로 인류의 속성이자 문명 발달을 이끈 원동력이지 않은가.

그러한 일을 최대한 피하면 될 것 아니냐고 생각하는 사람들도 있다. 뭐하러 힘들게 가르치고 욕까지 먹어야 하는가, 아랫사람들이 알아서 하게 내버려두면 될 일 아니냐는 것이다. 이는 꽤 무책임한 마인드다. 사회에서 자신만의 자리를 지키고 있다면 연륜을 바탕으로 후배들의 삶과 업무에 도움을 주는 것이야말로 하나의 책무이며 이를 능히 수행해 내야만 비로소 '존경받는 어른'이 될 수 있다.

그럼 어떻게 해야 할까? 우선 '선생님'이란 단어가 주는 무게를 좀 덜어내자. 이를 위해서는 '가르친다'라는 생각을 먼저 지워야한다. 가르친다는 생각에 집착을 하면, 나 자신이 선생님이 된 것 같은 착각이 들기 쉽다. 또한 선생과 제자의 관계에는 나이를 바탕으로 한 상하 관계가 명확히 성립한다. 나이가 많다, 직위가 높다는 생각은 자신도 모르게 꼰대처럼 행동하게 만드는 요인이다.

그렇다면 선생이란 단어를 대체할 만한 단어로 무엇이 있을까? 이제는 너무 흔한 단어가 된 '멘토'는 어떨까?

멘토는 그리스 신화에서 유래된 단어다. 이타카의 왕 오디세우스Odysseus는 전쟁에 나서며 아들 텔레마코스Telemachus의 교육을 친구에게 맡긴다. 10여 년의 긴 세월 동안 때로는 아버지로, 때로는 스승으로, 때로는 참된 조언을 건네는 인생 선배이자 친구로서의 역할을 충실히 해낸 사람이 바로 멘토르Mentor다.

언뜻 보면 선생님이란 단어보다 책임이 더 무거워 보인다. 실제로 일부에서는 멘토라 하면 출중한 능력을 통해 특정 분야에서 거둔 업적을 바탕으로 다수의 사람들에게 노하우를 전수하는 사람이라고까지 생각한다. 화려한 언변으로 수많은 청중들에게서 웃음과 눈물을 동시에 이끌어내는 이 시대의 대표인물을 떠올리기도 한다. 하지만 멘토는 그렇게 거창한 사람이 아니다. 표준국어대사전에는 멘토란 단어가 없지만 여러 영어사전에서는 '경험이 적은 사람에게 조언과 도움을 주는, 경험이 많은 사람' 정도로 정의하고 있다. 회사에서든 기타 모임에서든 혹은 가족이나 친구 사이에서든 경험을 바탕으로 그저 약간의 조언과 도움을 주는 정도만으로 능히 멘토의 역할을 해낼 수 있다는 말이다.

그렇다면 멘토가 되기 위해서는 무엇을 해야 할까? 별로 어렵지 않다. 앞서 언급한 꼰대의 유형을 다시 떠올려보자. 꼰대들은 대체로 언행이 다르고, 가르치는 행위에 집착하며, 보잘것없는 개똥철학을 내세운다. 좋은 멘토가 되고 싶다면 자신의 행동에 꼰대와 같은 점이 없는지를 살펴보고 주의하기만 하면 된다.

우선 멘토의 역할은 작으면 작을수록 좋다. 멘토 역할도 좋지만 사소한 내용이더라도 잦은 멘토링mentoring은 멘토 입장에서 꽤 번거롭고 에너지가 많이 드는 일이다. 멘토가 직업이 아닌 이상 자신의 일상을 위해서라도 멘토링은 최소화해야 한다. 그리고 멘토링이 잦아지면 상대방, 즉 멘티Mentee 입장에서 어느 순간에는 간섭으로 느끼기 마련이다. 멘토를 자처하는 사람을 역이용하는 멘티들도 있다. 충분히 자기 능력으로 해결할 수 있는 일이나 고민을 과도하게 멘토에게 맡기려 드는 것이다. 이런 점들을 따져볼 때 꼭 필요한 경우에만 멘토링을 해야 하며 멘토는 어느 순간에 멘토링을 할 것인지 명확한 기준을 마련하는 것이 좋다.

반드시 멘토링을 해야 한다면 도움이나 조언의 내용이 멘티의 입장에서 볼 때 확실히 유용한지를 먼저 따져본다. 그리고 정보가 정확한가, 상황에 적절한가를 살펴보아야 한다. 시대가 급속도로 바뀌는 시기임을 감안하여 시의적절한지도 파악해야 한다. 멘티에게 필요한 건 거창한 철학이 아니다. 아무리 작은 사안이라 할지라도 정확한 정보를 바탕으로 한 몇 마디 적절한 조언이 멘티들에게는 큰 힘이 된다.

멘토링 이후 자신의 행동은 더욱 중요하다. 백문百聞이 불여일견不如一見이라 했다. 가능하다면 굳이 말이 아니라 몸으로 멘토링 내용을 실천하여 먼저 보여주는 것이다. 솔선수범은 아랫사람이 아니라 윗사람에게 필요한 덕목이다. 항상 올바른 행동으로 모범이 된다면 별다른 멘토링 없이도 아랫사람들에게 멘토로 인정받을 수 있다. 그리고 언행의 일치다. 멘토링 내용을 평소에 자신이 먼저 충실히 수행한다면 멘티들은 확신을 가지고 더욱 멘토를 따르게 될 것이다.

아는 것이 많고 능력이 뛰어나고 사회적 지위가 높다고 해서 존경받는 사람이 될 수는 없다. 상대방의 나이가 어리든 지위가 낮든 존중심을 바탕으로 최소한의 멘토링을 통해 그들의 삶에 작은 도움과 행복을 전할 수 있다면 충분히 주변으로부터 존경받을 수 있다.

나이를 먹으면 먹을수록 점점 더 싫어지는 과일

12

이러한 일들이 반복되는 이유는 '이해'와 관련이 있다. 가까이 있기에, 친밀하기에, 사랑하기에 상대방이 먼저 '이해'해 주기를 바라는 것이다. 특별히 사과하지 않아도 서로 이해하고 넘어갈 수 있다고들 생각한다. 이해가 필요한 건 맞지만 그 방향이 잘못되었다. 먼저 상대방을 이해해야 할 사람은 바로 잘못을 한 자신이다.

어릴 때 가장 자주 듣는 말 중 하나,

"편식하지 말고 골고루 먹어야 한다."

근데 생각처럼 쉬운 일은 아니다. 이제 어른이 되고 보니 그때 내게 그런 말을 했던 어른들이 참 가식적이었다는 생각이 든다. 아무리 가리는 것 없이 잘 먹는 사람들도 몇몇 거르는 음식이 있기 마련이고, 생각보다 편식이 심한 사람이 주변에 많기 때문이다.

나 같은 경우 편식을 잘 모르는 편이었다. 세상에서 제일 맛있는 음식은 집밥이었고, 계란프라이 하나만 있어도 밥 한 공기 뚝딱 비우고 배를 두드렸다. 특히 과일을 좋아하는 편이어서 빠듯한 살림 속에서도 부모님은 제철 과일을 꼬박꼬박 챙겨 주셨다. 하지만 그런 나에게도 싫어하는 과일이 하나 있었다. 바로 '배'였다.

배는 가격도 가격이거니와 과일 중에서는 고급 품종에 속한다. 제대로 맛이 든 고급 배는 소고기 못지않은 가격을 자랑한다. 식감, 당도 등등 과일의 왕이라 불러도 무방하지만 나는 배만큼은 소가 닭 쳐다보듯 무시했다. 이는 비단 나의 경우만이 아닐 것이다. 그 누구에게나 취향이란 것이 있지 않은가? 나는 어른이 되고 한참의 시간이 흐른 지금도 배를 그다지 선호하지 않는다. 이쯤에서 하나 물어보자. 여러분의 경우 좋아하지 않는 과일은 무엇인가?

아마도 적지 않은 사람들이 사과라고 답하지 않을까? '응? 사과가 왜? 가을을 대표하는 과일이고, 맛도 좋고, 영양가도 높은 국민 과일인데…'라고 생각할 것이다. 맞다. 사과는 과일 중에서도 인기가 높다. 내가 말하는 사과는 "자기의 잘못을 인정하고 용서를 빎"을 의미하는 사과謝過다. 유치한 말장난이기는 하지만 동음이의어를 빌려 사과 얘기를 꺼낸 이유는 차차 설명하겠다.

어른들은 참 사과를 싫어한다. 분명 자기 잘못임에도 불구하고 직접적으로 사과하지 않고 에둘러 표현하며 자기 잘못이 아니라는 듯 변명을 하거나 심지어는 그럴 수도 있지 않느냐며 대놓고 적반하장으로 나오는 사람들도 있다. 예를 들어 도롯가에 나서면 무법천지가 따로 없다. 도로 위는 온전히 어른들의 세상이다. 운전대를 잡은 미성년자는 아무도 없다. 다른 운전자들에게 위협이 될 만큼 난폭 운전을 하고도 이에 대해 누군가 항의하면 무시하거나 도리어 더 화를 내는 사람도 있다. 때로는 고의적인 사고나 폭행 사건이 벌어져 사회적으로 큰 이슈가 되기도 한다. 나이만 먹었을 뿐이지, 도로 위에서 범퍼카를 모는 다섯 살짜리처럼 행동하는 철부지가 실제로 존재한다. 물론 일면식도 없는 사람들 사이에서 벌어지는, 일부 몰지각한 사람들의 이야기다.

도로 위에서만이 아니다. 붐비는 지하철에서 남의 발을 밟고도 멀뚱멀뚱 쳐다보기만 하거나 아예 모르는 척하는 사람도 수두룩하다. 에스컬레이터를 탈 때는 가만히 서 있는 게 기본임에도 남을 밀치고 먼저 앞으로 나가는 사람들도 절대 사과하는 법이 없다. 식당에서 시끄럽게 떠들며 뛰어다니는 아이들에게 다른 손님이 조용히 하라고 말하면 사과는커녕 애한테 왜 그러냐며 따지는 부모들도 있다.

그렇다면 아는 사람들끼리 마주하는 일상은 어떠한가. 분명 자신의 잘못임에도 진심을 담아 똑바로 상대방에게 사과를 하는 사람이 과연 얼마나 되던가? 단도직입적으로 말해 앞서 언급한 사례들과 별다를 바 없다. 상대방의 잘못이 분명함에도 '미안'이라는 단어를 듣기가 쉽지 않다. 윗사람이 아랫사람에게 사과를 해야 할 상황은 더욱 심각하다. 미안이라는 그 한마디가 왜 그다지도 어려운 것일까?

개봉한 지 몇십 년이 흘렀지만 지금까지도 종종 회자될 만큼 큰 인기를 얻었던 영화 〈러브 스토리Love Story〉에서는 다음과 같은 명대사가 등장한다.

"사랑한다면 미안하다는 말은 하지 않는 거야Love means never having to say you're sorry."

영화를 본 적 없는 사람도 저 대사는 어디선가 들어봤을 정도로 무척이나 인상 깊은 문구다. 하지만 영화 속 로맨스가 현실에 그대로 적용되지 않는다는 사실을 우리는 잘 알고 있다. 뻔히 잘못을 하고도 사과하지 않는 상대방 때문에 싸우는 커플이 얼마나 많은가. 진심이 담긴 목소리로 미안하다는 말 한마디와 함께 다시는 이런 잘못을 저지르지 않겠다는 약속만 해 줘도 눈 녹듯 마음이 풀어지련만, 은근슬쩍 넘어가려는 태도는 없던 화마저 불러일으킨다.

연인 사이는 그나마 낫다. 친구나 가족 관계는 상황이 더욱 심각하다. 친구를 사귀다 보면 꼭 한두 번은 주고받는 말이 있다. "친구끼리 뭐 그런 거 가지고 그래?" 잘못을 했음에도 이런 식으로 대충 얼버무리곤 한다. 여기서 따지고 들어가면 곧 이런 말이 이어진다. "야, 사람이 실수할 수도 있지 뭐 그렇게 따지냐?" 한 발 더 나아가 "너 그렇게 안 봤는데 사람 참 이상하다."라며 도리어 더 화를 내고는 자기가 먼저 연락을 끊어 버리기도 한다. 어깨

툭툭 두드리며 "미안해. 내가 조심할게."라고 사과 한마디만 하면 될 일이, 그렇게 중요한 인간관계의 파탄으로 마무리되곤 한다.

가족은 어떤가? 세상에서 가장 사랑하고 믿고 의지하는 존재. 가장 가까이 있고, 늘 함께하는 존재. 그런 이유에서 서로 간에 다툼이 잦고, 가장 큰 상처를 주는 존재 또한 가족이다. 하지만 아이러니하게도 부부 사이든, 형제 사이든, 부모와 자식 사이든 왠지 미안하다는 말은 잘 하지 않는 경향이 있다. '가족이니까, 나를 사랑하니까 말 안 해도 내 마음 알겠지.'라는 생각으로, 자연스레 기분이 풀리기만을 기다리는 것이다. 특히 부모 된 입장에서 자녀에게 사과하는 일은 극히 드물다. 부모의 잘못으로 아이가 상처받을 경우 그 상처는 어떤 것보다도 깊은 아픔을 주며 아이의 인생에 오래 남게 된다. 그럼에도 대부분의 부모들은 자신이 성인이고, 보호자라는 이유로 일말의 사과도 없이 그냥 넘어가는 것을 당연하게 여긴다.

이러한 일들이 반복되는 이유는 '이해'와 관련이 있다. 가까이 있기에, 친밀하기에, 사랑하기에 상대방이 먼저 '이해'해 주기를 바라는 것이다. 특별히 사과하지 않아도 서로 이해하고 넘어갈 수 있다고들 생각한다. 이해가 필요한 건 맞지만 그 방향이 잘못되었다. 먼저 상대방을 이해해야 할 사람은 바로 잘못을 한 자신이다. 왜 상대방이 상처를 받았는지, 그래서 지금 기분은 어떠한지, 어떻게 해야 둘 사이의 어색함과 긴장을 풀 수 있을지를 먼저 이해하는 게 올바른 순서다. 이러한 과정 없이 상대방이 먼저 감정을 삭이고 나를 이해해 주기를 바란다는 것은 배려와 존중이 없는 행동이다. 누군가 당신에게 배려와 존중 없이 행동한다면 당신은 어떤 생각이 들겠는가? '무시(사물의 존재 의의나 가치를 알아주지 아니함)'당한다고 느낄 것이다. 잘못한 것도 모자라 상대방을 무시하는 사람을 어찌 성숙한 어른이라고 부를 수 있겠는가.

직장 생활 중 벌어지는 갈등의 대다수는 이 무시에서 시작된다. 당연하다는 듯 아랫사람을 무시하는 상사들, 대놓고 윗사람을 무시하는 직원들. 회사 내에서 어떠한 관계로 묶여 있든지, 서로 마땅히 배려하고 존중하여야 할 '사람 대 사람'의 관계임을 쉽게 잊어버리곤 한다. 복지나 연봉, 업무 적성과 같이 현실적인 문제도 있지만 무시를 일삼는 동료나 윗사람 때문에 이직을 원하는 사회 초년생들이 많은 까닭도 거기에 있다.

우리 민족은 굉장히 감정이 풍부한 사람들이다. 수천 년 내내 되풀이되어 온 침략과 극복의 역사는 우리 민족의 DNA에 한恨과 흥興의 정서를 심어 주었다. 한민족의 감정적感情的 성향은 한강의 기적을 이뤄낸 국민적 단합력, 문화예술계에서의 놀라운 성과와 같이 긍정적인 결과를 만들어 내기도 했다. 물론 기분파나 냄비 근성 같이 좋지 못한 면으로 발현되기도 한다. 위낙 감정적이다 보니 정말 별것 아닌 일에도 상처를 받는 사람들이 많다. 또한 전반적으로 경제 여건이 어려운 시기인지라, 평소에도 쉬이 침울하거나 민감해지기 쉽다. 아주 작은 말실수 하나가 큰 상처가 되거나 화를 일으킨다고 해서 전혀 이상할 일이 아니다.

그 어떠한 관계든 친밀한 사이에서는 "실수인데 뭘 그러냐?"라며 사과 없이 넘어가는 경우도 적지 않다. 실수는 "조심하지 아니하여 잘못함. 또는 그런 행위."를 뜻한다. 그 여파가 크든 작든 실수도 명백히 잘못이다. 잘못과 실수를 따로 구분하여 '이건 잘못이 아닌 실수다.'라며 어물쩍 넘어가려는 태도를 취하는 이들이 많다. 아무리 실수라 하여도 금전적, 물리적, 정신적으로 누군가 피해를 입었다면 사과를 해야 마땅하다.

잘못은 어린아이만 하는 게 아니다. 어른도 누구나 잘못을 한다. 하지만 어른은 의지만 있다면 얼마든 똑같은 실수를 반복하지 않을 수 있다. 자신이 저지른 잘못을 책임질 수 있는 능력도 있다. 그리고 배려와 존중을 바탕으로 상대방에게 먼저 사과를 하고 여전히 좋은 관계를 유지할 수도 있다. 사과를 하면 왠지 진 것 같은 기분이 들어 싫다는 사람도 있다. 사과를 주고받음은 승패勝

敗의 논리가 아니다. 사과가 부족한 사회 속에서 살아가며, 진심으로 사과를 건네는 줄 아는 사람은 그만큼의 도량度量과 용기를 갖춘, 진짜 어른이라고 할 수 있다.

진정한 사과는 쉽지 않다. 잘못의 인정과, 부끄러움의 감내와, 사과를 입 밖으로 꺼낼 용기가 필요하다. 바로 '성숙'한 어른만이 할 수 있는 행동이다. 농부는 수확물을 거두기 위해 병충해가 들끓고 비바람이 몰아치는 시련의 계절을 이겨내야만 한다. 미숙한 어린아이가 한 명의 성숙한 인간으로 거듭나고자 한다면 그에 못지않게 혹독한, 단련과 깨달음의 시간이 필요하다. 성숙한 인간이 건네는 사과는 달고 맛있다. 그러한 사과를 받은 이들 또한 풍성한 수확물을 가득 품에 안은 것처럼 마음이 풍족하고 따뜻해지기 마련이다. 그러고는 웃으며 이렇게 대답할 것이다.

"괜찮아. 뭐 그런 거 가지고 사과까지 하고 그래."

사과를 주고받은 두 사람의 관계는 당연히 더욱 친밀하고 견고해질 것이다. 바로 '잘 익은' 사과의 위력이다.

기본 중의 기본, '언행일치'의 힘

13

공자가 언행일치를 강조한 까닭은 그만큼 쉬운 일이 아니기 때문이다. 어렵기도 어려울뿐더러 언행일치를 생활화하려면 상상 이상의 노력의 필요하다. 언행일치가 중요한 이유는 단지 어려워서만은 아니다. 성공적인 사회생활의 요체라 할 수 있는 '약속'의 지킴이 곧 언행일치 그 자체이기 때문이다.

기본을 지키기가 가장 어렵다는 말이 있다. 학생 때는 공부 열심히 하는 게 본분이자 기본이라는 소리를 귀에 못이 박히도록 들었지만 열심히 공부하는 게 가장 어려웠다. 성인이 되어 사회에 나와서도 마찬가지였다. 분명 해야 할 것이 무엇인지 명확하게 알고 있으며, 이를 열심히 하기만 하면 되는데 말처럼 쉽지가 않았다. "이건 기본 아니야? 근데 안 하는 거야, 못 하는 거야?"라는 잔소리를 수없이 들었고 지금도 듣고 있다.

이 책은 진짜 어른, 누가 보아도 어른스럽다고 인정할 만한 행동을 하는 어른은 어떤 사람인지 이야기하고 있다. 원고를 쓰다 보니 진짜 어른으로 인정받기 위해 '기본'적으로 갖춰야 할 자격이 무엇인지 궁금해졌다. 다 떠나서 '최소한 이것 하나'만으로 범위를 좁혀본다면 무엇이 남을까? 이것 하나만 잘해도 사회의 훌륭한 일원이자 성숙한 어른으로 주변에서 존경을 받는 존재가 될 수 있다면? 조금의 고민 끝에 내린 결론은 바로 '언행일치言行一致'다.

어른은 자신이 뱉은 말을 능히 행동으로 옮길 수 있다. 그리고 어른이라면 그렇게 해야만 한다. 앞선 에피소드에서도 좋은 멘토의 요건 중 하나로 언행일치를 잠깐 언급했다. 아무리 말을 잘하는 사람이더라도 행동이 그에 미치지 못한다면 주변에서 인정받을 수 없기 때문이다. 별개로 언행일치는 성공적인 사회생활을 위해 가장 기본적으로 갖춰야 할 조건이다. 실제로 말과 행동이 일치하는 사람은 주변에서 믿음직스럽고 능력이 있는 사람으로 평가받는다. 반대로 말하자면 말과 행동이 일치하지 않는 사람이 우리 주변에는 수두룩하다. 분명 어른스러운 행동 중 가장 기본이지만 언행일치는 그렇게나 어렵다.

『논어論語』에서는 언행일치의 중요성이 수차례 언급된다. 공자孔子는 "군자치기언이과기행君子恥其言而過其行.", 즉 "군자는 행동보다 말이 앞섬을 부끄럽게 여긴다."라며 군자의 요건으로 언행일치를 꼽았다. 또한 "고자언지불출古者言之不出, 치궁지불체야恥躬之不逮也."라고 하였다. "옛사람들이 말을 함부로 하지 않은 까닭은, 자신이 한 말에 행동이 따르지 못함을 부끄러워했기 때문"이라는 의미로, 언행일치의 가치는 시대를 초월함을 강조했다.

공자가 세상을 뜬 지 2,500년 가까운 세월이 흘렀다. 그럼에도 언행일치의 가치는 여전히 빛을 발하고 있다. 공자가 언행일치를 강조한 까닭은 그만큼 쉬운 일이 아니기 때문이다. 어렵기도 어려울뿐더러 언행일치를 생활화하려면 상상 이상의 노력의 필요하다. 그러나 언행일치가 중요한 이유는 단지 어려워서만은 아니다. 성공적인 사회생활의 요체라 할 수 있는 '약속'의 지킴이 곧 언행일치 그 자체이기 때문이다.

사회생활은 약속과의 끝없는 싸움이다. 모든 관계는 약속에 의해 이루어지고 유지되고 발전한다. 업무와 관련해서만이 아니다. 가족과 연인, 친구와 같이 긴밀한 사이 역시 별다르지 않다. 단순히 밥 한 끼 먹는 것조차 무엇을 먹을지, 언제 먹을지, 어디서 먹을지, 어떻게 먹을지 등등 다양한 선택지를 두고 협의를 하고 약속을 맺는다. 이렇듯 우리 인생은 수많은 약속들의 연속이지만 마치 깨지기 위해 존재하기라도 하듯, 적지 않은 약속들은 매번 무참히 깨진다.

약속을 깨는 요인은 다양하다. 나태와 자만 때문에, 욕심과 쾌락 때문에, 그리고 기본적으로 타인을 향한 존중과 배려가 부족해서이다. 자신이 한 말을 지키지 못하고 자주 약속을 깨는 사람을 어른스럽다고 할 사람은 아무도 없다. 그 정도가 심하면 게으르고 무능한 '떠버리'라며 손가락질을 받을 것이다. 반대로 생각해보자. 언행일치를 통해 약속을 매번 능히 지키는 사람이 된다면 앞서 언급한 문제점들을 일거에 해결할 수 있다는 말도 된다. 언행일치만 잘하면 부지런하면서도 늘 겸손하고, 욕심이나 쾌락 때문에 일을 그르치지도 않고, 타인에게 배려와 존중이 넘치는 '올바른 어른'으로서 인정받을 수 있다는 이야기다.

단지 올바른 어른이 되기 위해서만 언행일치를 하는 것은 아니다. 사회적 성공을 위해 가장 필요한 것은 무엇인가? 학벌? 능력? 열정? 다 맞는 말이긴 하다. 하지만 가장 중요한 것은 사람이다. 회사를 다니든 사업을 하든 하물며 인터넷에서 1인 방송을 하든 '사람'이 없다면 당신은 성공하지 못한다. 당신을 중용하거나 도와줄 직장 상사나 동료든, 당신의 물건을 구매할 고객이든, 당신의 방송을 봐 줄 시청자든 사람이 있어야 뭐라도 하지 않겠는가. 그리고 그 사람들과 당신 사이에 끈끈한 유대를 형성하는 요인은, 약속들이 거듭 지켜지면서 쌓이는 '신뢰'다.

성공한 사람들은 단지 잘나서 성공하는 게 아니다. '약속 → 언행일치 → 신뢰감 상승 → 유대의 발생 → 강력한 관계의 형성'을 통해 사람을 얻고 그들의 '지지'로부터 성공의 토대와 발판을 마련하고 비로소 도약하는 것이다. 자기계발이란 것이 결국 '성공'에 그 목적에 두고 있다면, 당연하고도 자연스럽게 발생하는 사회적 혹은 개인적 약속들을 지켜내는 기술인 '언행일치'야말로 자기계발의 가장 기본적인 키워드라 할 수 있다.

이처럼 언행일치를 통해 사회적 약속을 지킨다면 이를 통해 올바른 어른이 되고 사회적 성공까지도 얻어낼 수 있다. 하지만 우리에게는 지켜야 할 또 다른 중요한 약속이 남아 있다. 바로 자기 자신과의 약속이다. 외부적 약속이 신뢰감을 상승시켜 준다면 내부적 약속은 '자신감'을 상승시켜 준다. 자신감은 사회적 성공뿐만 아니라 우리가 행하는 모든 일을 순조롭게 이루어지게 하는 윤활유 역할을 한다. 자신감이란 매일 위인들이 전하는 명언이나 들여다보고, 그저 말로만 "나는 자신 있어!"라고 외친다고 높아지지 않는다. 타인과의 약속들보다 훨씬 빈번하게 머릿속에서 이루어지는 '자신과의 약속을 행동으로 지켜내는 과정에서 자연스럽게 상승'한다. 바로 이것이 언행일치가 중요한 또 하나의 이유다.

물론 언행일치를 하기 전에 전제 조건이 하나 있다. 바로 '올바른' 약속을 맺어야 한다는 점이다. 예를 들어 범죄자나 그에 준할 만큼 타인에게 피해를 끼치는 사람들이 오로지 자신의 이익만을 위해 언행일치를 열심히 한다면 이는 사회에 해악만 될 뿐이다. 약속을 지키기 전에 우선 올바른 약속을 맺는 것부터 시작해야 한다. 올바른 약속? 일견 언행일치보다 더 어려워 보인다. 기왕 올바른 어른이 되는 법을 '언행일치'라는 단어 하나로 압축했으니 이번에도 올바르게 약속을 맺는 법을 간단하게 제시해 본다. 바로 '인문학' 공부다.

인류 역사가 시작된 이래 동서양의 수많은 선지자들은 인간에 관한 연구, 특히 올바른 인간상人間像을 제시하기 위해 노력해 왔다. 그중 극히 일부만이 고전이라 추앙받으며 짧게는 수십 년, 길게는 수천 년의 시간에 걸쳐 현재까지 회자되고 칭송받고 있다. 이번 에피소드에서 언급한 공자의 『논어』를 비롯하여 다양한 고전들이 지금도 새로이 해석되고, 책이나 강연 혹은 방송 등을 통해 대중에게 소개된다. 우리나라 역시 분야를 막론하고 인문학 열풍이 한바탕 휩쓸고 지나갔고 지금도 유효하다. 초등학생들이나 읽어야 할 도덕 교과서를 다시 읽히고 싶은 어른들이 수두룩하지만 그래도 체면(?)이 있지, 차마 그럴 수는 없고 어른답게(?) 인문학 공부를 시작해 보라고 권한다. 부담스럽게 느껴진다면 공부도 빼버리자. 그저 인문학에 관심을 두고 틈날 때마다 관련 서적을 뒤적이거나 다양한 영상 등을 시청하는 것만으로도 큰 도움이 될 것이다. 그렇다면 어떤 고전부터 시작해야 할까?

모든 선지자들은 다 다른 방법으로 올바른 인간상을 제시한다. 상황에 따라, 개인의 성향마다 어떤 것은 자신에게 적합하며 어떤 것은 그렇지 않을 것이다. 그 선택은 당신이라는 '어른의 자유의지'에 달려 있으며, 어느 길을 선택하더라도 분명 도움이 될 것이다. 가볍든 진중하든 인문학 공부를 시작한다면 이제 올바른 인간에 다가서기 위한 길에 들어선 것이다. 그렇게 되면 올바른 약속을 맺는 방법 역시 자연스레 찾게 될 것이며 언행일치를 위해 노력할 수 있게 된다. 누구에게나 인정받는, 올바른 어른이 되는 길이 바로 이 한 문장으로 얼마든 요약이 가능하다.

독서는 취미가 아니라 능력이다

14

평소에도 말 한마디를 잘못하여 촌극을 빚거나 갈등을 유발한 기억이 누구에게나 있을 것이다. 가족이나 친구들과의 관계가 틀어지는 이유 중 '말'이 차지하는 부분은 크다. 편하다는 이유로 생각 없이 말을 뱉었다가 오해가 생기는 바람에 어색해지곤 한다. 언어의 사용은 그 사람의 인격과 지적 수준을 여지없이 드러낸다. 진정한 어른으로 인정을 받고 싶다면 언어의 적절한 사용과 능숙한 소통은 필수라 할 수 있다.

내가 초등학생이었던 30여 년 전에는 취미를 적어 내라고 하면 학생 중 절반 정도는 '독서'라고 적었다. 그렇다면 지금 초등학생들에게 취미가 무엇이냐고 물었을 때 독서라고 대답하는 아이들이 과연 몇이나 될까? 아마 거의 없을 것이다. 학생들만의 이야기가 아니다. 어른 중에서도 독서를 취미로 삼는 사람은 찾아보기 힘들다. 모임에서 누군가 독서가 취미라고 하면 별의별 얘기가 다 나온다.

"와, 책 읽을 시간이 있어?"라는 감탄이나
"책은 무슨 책이야. 인터넷에 다 있는데."라는 핀잔이나
"대체 책을 무슨 재미로 읽어?" 같은 의문 등이 튀어나온다.

책은 사람들의 시선에서 한참 멀어졌다. 일일이 손으로 페이지를 넘겨야 하는 불편을 감수하면서, 멍하니 텍스트text만 읽어 나가다 보면 금세 하품이 쏟아진다. 어지간히 독서에 익숙한 사람이 아니고서는 이러한 반응을 보통이다. 그에 비해 스마트폰은 어떠한가? 그 손바닥만 한 화면에서는 전혀 다른 차원의 세상이

열린다. 책의 가장 기본적인 기능은 정보의 전달이다. 책을 통해 정보를 얻고자 할 경우, 먼저 책을 골라야 하고 또 텍스트를 일일이 확인하며 내용을 이해해야 하는 번거로움이 있다. 하지만 스마트폰은 방대하게 펼쳐진 인터넷을 클릭 몇 번으로 뒤지면 손쉽게 원하는 정보에 접근할 수 있다. 텍스트는 물론 사운드나 동영상 등 다양한 매개 수단을 통해 더욱 다채롭고 흥미로운 방식으로 정보를 얻을 수 있다.

창작물에서 얻는 '재미와 감동'이란 측면은 또 어떠한가. 이제 사람들은 작가의 문학적 감수성에 감응하기 위해 시간과 마음의 뜸을 들여야 하는 순수 소설이나 시를 읽지 않는다. 반면 예쁘고 화려한 일러스트가 강렬하게 눈길을 사로잡고 출퇴근길에도 간단하게 읽을 수 있으며 바로 재미를 느낄 수 있는 웹 소설을 읽는다. 온 국민의 볼거리가 된 웹툰은 두말하면 잔소리다. 나 역시 기존 문학 못지않은 수준의 재미와 감동을 주는 웹툰을 수차례 만난 바 있다. 최신 그래픽 기술과 뛰어난 시나리오로 무장한 영화 또한 취미라는 측면에서 독서의 위상을 크게 끌어내린다. 앞서도 언급했지만 한 번 빠져들면 좀처럼 빠져나오기 힘든 SNS 세계. 그리고 이쯤에서 등장한 끝판왕, 유튜브까지. 독서를 취미로 삼기에는 훨씬 재미있고 단번에 눈과 귀를 잡아끄는 세계가 이토록 무궁무진하지 않은가. 글을 쓰는 사람으로서 솔직히 고백하자면,

독서의 '완패'다.

이렇듯 책(종이를 여러 장 묶어 맨 물건) 읽음을 뜻하는, 정석적인 의미의 독서는 이제 더 이상 취미가 되지 못한다. 좀 더 심하게 말하자면 학업을 위한, 업무를 위한 독서 이외에 독서가 필요한 것일까? 독서를 즐기기에는 너무 바쁘다는 사람들로 넘쳐나는 현대사회에서, 독서란 과연 우리에게 어떤 의미를 가지는 것일까.

제대로 된 직업을 가진 후 지금껏 해 온 게 책을 읽고 편집을 하고 글을 쓰는 것이 대부분이었다. 그런 까닭에 장르를 가리지 않고 참 다양한 책을 읽어 왔다. 그중에는 자기계발서도 적지 않은데, 거기에는 비슷한 소재가 자주 등장한다(자기계발서를 많이 읽어 본 사람들도 잘 알 것이다). 바로 '성공을 거둔 자들의 노하우'다. 이는 경제경영서에서도 비슷하게 나타난다. 실제로 성장을 도모하고 목표를 성취하기 위해서는 먼저 그 길을 걸어간 사람의 행적을 따르는 것이 하나의 명확한 방법이기 때문이다. 자기계발서마다 비슷한 소리를 하고 비슷한 사람들의 이야기를 다루는 이유가 여기에 있다. 그중에서도 특히 자주 등장하는 사람들이 있다. 최근에 큰 부를 거머쥔 IT 기업 리더나 투자자가 바로 그들이다.

마이크로소프트의 빌 게이츠, 애플의 스티브 잡스, 아마존의 제프 베조스, 페이스북의 마크 저커버그. 이들에게는 두 가지 공통점이 있다. 자기계발서에 가장 자주 등장하는 사람들이며, 바로 취미가 '독서'다. 21세기를 대표하는 IT 분야의 거장들은 독서를 즐기다 못해 거의 신앙 수준으로 매진해 온 사람들이다. 기업인으로서 반드시 갖춰야 할 '지식'과 '전략', '통찰'을 책에서 얻고 이를 그대로 엄청난 성공으로 실현해 냈다. 몸이 두 개, 아니 열 개라도 모자랄 지경일 테지만 책만큼은 놓지 않는 것이다. 이 시대를 대표하는 투자의 귀재, 워런 버핏 역시 자기계발서와 경제경영서에 빈번히 언급된다. 그의 독서 사랑은 특별해서 업무에 나서는 시간 이외에는 대부분의 시간을 도서관이나 사무실에서 책을 읽으며 보낸다고 한다.

아시아 쪽은 어떨까? 대륙의 굴기崛起를 이끄는 중국의 대기업 CEO들도 책과 무척 가깝게 지낸다. 바이두의 린옌훙, 텐센트의 마화텅은 소문 난 독서광이다. 재일교포 3세 기업인이자 일본 최고의 부자로 우리에게도 친숙한 소프트뱅크 손정의 회장도 독서를 통해 지금의 자리에 오른 인물이다. 국내 굴지의 기업을 이끄는 CEO들 중에서도 독서인으로 알려진 사람들이 적지 않다. 그 정도의 재력가는 아니지만 인터뷰나 출판 일을 위해 만난 사람들 중, 소위 누가 봐도 부자라고 느낄 만큼 부를 쌓았거나 한 분야에서 최고의 전문가로 이름을 날리는 사람들 중 십중팔구는 책과 가까이 생활하고 있었다.

물론 평범한 사람이 당장 독서에 매진한다고 해서 갑자기 부자가 된다거나 특별한 능력을 갖추게 되리라고는 말할 수 없다. 그렇다면 굳이 그렇게까지 독서에 매달릴 필요가 없다는 것일까? 하지만 어엿한 사회인이 되기 위해, 진정한 어른으로 거듭나기 위해서라도, 독서는 반드시 필요하다. 그 까닭은 무엇일까?

인간과 다른 동물을 구분하는 가장 커다란 특징은 무엇일까? 바로 언어(생각, 느낌 따위를 나타내거나 전달하는 데에 쓰는 음성, 문자 따위의 수단 또는 그 음성이나 문자 따위의 사회 관습적인 체계)다. 모든 동물들은 나름대로 다양한 방식과 체계를 통해 소통을 한다. 하지만 언어로 소통을 하는 동물은 인간밖에 없다. 목이 마르면 물을 마시듯, 당연하다는 듯이 인간은 언어를 사용하고, 언어가 존재하기에 일상을 영위할 수 있다. 그런데 요즘 우리 사회를 들여다보면 언어 사용에 애를 먹는 이들이 점차 늘어나는 추세다.

평소에는 말만 잘하는 사람이 회사생활을 할 때는 꿀 먹은 벙어리가 되는 경우를 종종 본다. 회사생활 중 업무와 관련하여 오가는 대화는 다양한 양상을 띤다. 대화에 있어 가장 기본이라 할 수 있는 개진(開陳: 주장이나 사실 따위를 밝히기 위하여 의견이나 내용을 드러내어 말하거나 글로 씀)은 물론 반박과 설득, 좀 더 업무적인 영역인 보고, 발표 그리고 협상까지. 업무와 관련된 소통을 할 때는 세련된 말하기가 무척 중요하다. 하지만 어째서인지 이러한 순간에는 긴장이 되고 당황하여 하고 싶은 말을 제대로 하지 못하는 사람이 많다.

과연 회사 내에서만의 이야기일까? 평소에도 말 한마디를 잘 못하여 촌극을 빚거나 갈등을 유발한 기억이 누구에게나 있을 것이다. 가족이나 친구들과의 관계가 틀어지는 이유 중 '말'이 차지하는 부분은 크다. 편하다는 이유로, 생각 없이 말을 뱉었다가 오해가 생기는 바람에 어색해지곤 한다. 언어의 사용은 그 사람의 인격과 지적 수준을 여지없이 드러낸다. 진정한 어른으로 인정을 받고 싶다면 언어의 적절한 사용과 능숙한 소통은 필수라 할 수 있다.

말도 문제지만 글은 더 문제다. 청년들이 취직을 할 때 가장 어려워하는 부분 중 하나가 바로 자기소개서 작성이다. 그 누구보다 자신에 대해 가장 잘 알고 있으면서도, 자신을 소개하는 글을 작성하라고 하면 몇 줄 쓰지도 못하고 끙끙댄다. 간신히 완성된 자기소개서 또한 자세히 들여다보면 여기저기 오탈자와 잘못된 어휘가 넘쳐나고 질문의 본질을 파악하지 못해 내용적으로 부족하거나 논리에 맞지 않는 경우가 허다하다. 사회 초년생들도 글과 관련해 다양한 어려움을 겪는다. 한 장 분량의 간단한 보고서 작성에 쩔쩔 매거나 방대한 자료의 분석과 정리에 애를 먹기도 한다.

유튜브와 인스타그램, 페이스북과 트위터, 그 외 각종 인터넷 커뮤니티들. 독서를 제치고 사람들에게 최고의 취미이자 가장 편안한 친구가 되어 주는 인터넷. 하지만 인터넷에 소모적이고 비논리적이고 경박한 언어가 넘친다는 점은 분명 문제다. 욕설이나 막말, 근거 없는 선동과 자극적 콘텐츠가 난무하기도 한다. 이러한 인터넷 언어에 너무 익숙해지다 보면 자연스레 평소 쓰는 말과 글에도 영향이 미칠 것이다. 인터넷 세대들이 인터넷 세상에서 밖으로 나와 사회생활을 할 때 좀 더 고급스러운, 즉 어른다운 말과 글 사용에 곤란을 겪는 이유 또한 이와 깊은 관련이 있으리라 생각된다.

젊은 세대만이 아니다. 중장년층 기성세대의 언어 사용 또한 문제가 많다. 세상이 바뀌었음에도, 이 순간에도 더 빠르게 변하고 있음에도 구태의연한 사고를 버리지 못하고 여전히 경직된 언어 사용으로 인해 주변을 불편하게 만드는 사람들 말이다. 나이가 먹으면 먹을수록 말과 글에서 기품을 드러내야 할 사람들이 도리어 천박한 말투를 사용하거나 논리가 없는 일방적 주장으로 스스로의 가치를 깎아내리는 사람들도 많다. 인터넷에 넘쳐나는 선동 글과 가짜 뉴스를 만들고 퍼 나르는 사람들 중 적지 않은 이들이 바로 나이 좀 있다는 기성세대다.

물론 인터넷도 장점은 있다. 원래 말과 글 실력의 향상을 위해서는 소통과 토의가 필수인데, 인터넷에서는 직접 얼굴을 마주하지 않고도 얼마든지 만남과 대화가 가능하다는 것이다. 하지만 이 역시 한계가 있다. 각종 커뮤니티들이나 주요 언론 혹은 포털 사이트의 채팅창은 소통의 장을 활짝 열어두고 있는 듯 보이지만, 관리자나 주요 구성원들의 성향에 따라 대화의 주제나 수위가 제한되기 일쑤이다. 반대로 조금이라도 관리가 소홀해지면 토론장이 순식간에 난장판이 되는 모습도 쉽게 볼 수 있다.

그렇다면 어른스러운 말과 글의 사용을 위해 무엇을 해야 할까? 당장 인터넷 창부터 꺼야 할까? 말 잘하고 글 잘 쓰는 법을 가르치는 학원에라도 다녀야 한다는 말인가? 그럴 필요는 없다. 지금 이 글을 쓰는 나부터도 인터넷이 없이 살 수 없다. 그 재밌는 인터넷을 왜 끊는다는 말인가? 괜히 시간과 돈만 낭비하는 학원이나 관련 강의 영상도 필요 없다. 우선 하루에 10분이라도 좋으니, 매일매일 독서부터 시작해 보는 건 어떨까?

독서가 뭐 그렇게 어려운 일이냐며 반문할지 모르지만, 평소 책과 거리가 먼 사람에게 독서란 그리 쉬운 일이 아니다. 톱니바퀴 맞물리듯 하루하루 똑같이 돌아가는 일상 속에서 5분이든 10분이든 독서할 시간을 만들어 내는 것부터 문제다. 그리고 매일 책 읽을 생각을 하면 걱정부터 될 것이다. 온라인이든 오프라인든 서점에 방문하여 좋은 책을 고르기 위한 시간도 필요하다. 시간이 곧 돈인 시대에서 이쯤 되면 벌써부터 만만치 않게 느껴진다. 책을 골랐다면 당연하게도 '피 같은 돈' 또한 지불해야 한다. 혹 사고 싶은 책을 맘껏 살 만큼 재정이 넉넉하지 않다면 도서관으로 가도 좋다. 매일 독서를 할 수만 있다면 방법은 무엇이 되었든 상관없다.

그런데 고민이 하나 있다. 좋은 책의 기준이 뭔지 잘 모르겠다는 점이다. 솔직하게 말해 그런 건 없다. 우리 모두는 다른 사람이고, 각각 자신만의 '취향'이란 게 존재한다. 위대한 고전으로 인정받는 도스토옙스키의 『카라마조프 가의 형제들』이나 생텍쥐페리의 『어린 왕자』도 누군가에게는 그저 '지루한 문장이 빼곡히 적힌 종이 묶음'에 불과할 수도 있다. 이와 마찬가지의 이유로 베스트셀러에 집착할 필요도 없다. 자기 취향도 아닌데 베스트셀러라고 억지로 책을 읽는 것만큼 시간 낭비도 없다. 그러니 애써 좋은 책을 찾으려 하지 말자. 특히 이제 막 독서에 관심을 가지는 입장에서 좋은 책을 찾아야 한다는 스트레스는 더욱 불필요하다. 좋은 책의 정의란 '재밌어 보이는 책, 읽으면 기분이 좋아지는 책, 요즘 나의 관심사와 가장 관련이 있는 책, 읽으면 삶에 도움이 될 것만 같은 책' 정도면 충분하다(이러한 까닭에 되도록이면 오프라인 서점에 직접 방문하여, 느긋한 마음으로 서점 구석구석을 살피고 다양한 책을 직접 눈으로 확인하는 것을 추천한다). 만일 이러한 정의 내에서도 원하는 책이 안 나타난다면 그냥 '느낌 있는 책'을 고르면 된다.

책을 들고 집에 왔다면, 혹은 주문한 책이 집에 도착했다면 이제부터가 진정한 시작이다. 앞서도 얘기했지만 하루 10분만 읽어도 된다. 이마저도 길게 느껴진다면 우선 5분만이라도 시도해 보자. 출퇴근 시간이든, 점심시간이든, 침대에 누워 잠들기 직전까지든 우리는 늘 스마트폰을 붙들고 있지 않은가? 유튜브 동영상 하나만 봐도, SNS 구경 조금만 해도 후딱 지나가는 몇십 분의 시간 중에서 5분 내지 10분만 따로 떼 내어 책을 읽기만 하면 된다. 디지털 기기에만 매달린 나머지 기억력이나 계산력이 퇴보하는 디지털 치매Digital Dementia가 사회 문제로 떠오른 요즘이다. 그래서 일부러 디지털 기기를 손에서 내려놓고 대신 명상이나 '독서'를 즐기는 디지털 디톡스Digital Detox가 유행이라고 한다. 어른의 품격을 갖추기 위해서뿐만 아니라 앞으로의 건강하고 행복한 삶을 위해서라도 독서를 해야 할 이유는 충분하다.

여기서 독서 요령 하나를 짚고 넘어가자. 야심차게 독서를 시작했지만 얼마 못 가 포기하는 사람들이 꽤 된다. 대부분이 재미가 없다는 이유를 든다. 재미가 없는 이유는 반드시 첫 페이지부터 정독해야 한다는, 고정관념 때문이다. 책을 선택할 때도 편안한 마음으로 재밌어 보이는 책, 느낌 있는 책을 고르지 않았던가. 읽을 때도 다르지 않다. 목차를 쓱 살펴보고 재밌어 보이는 부분부터 편하게 읽기 시작하면 된다. 혹은 처음부터 빠르게 페이지를 넘기며 대충 훑어보다가 눈이 가는 부분부터 읽는 것도 한 방법이다.

그렇게 짧은 시간이라도 매일매일 책을 읽으며 어느 정도 독서가 습관화된 후에는 독서 시간을 조금씩 늘려 나감과 동시에 자연스레 다른 장르로 독서의 영역을 확장시킨다. 다양한 장르의 책을 읽다 보면 좋은 글이 무엇인지 구분하는 눈이 생기기 마련이다. 누차 이야기하지만 좋은 글의 기준은 없다. 앞서 제시한 좋은 책의 기준과 부합하는 문장, 문단이 바로 좋은 글이다. 책 한 권을 가득 채운, 빽빽한 텍스트 중에서 나름대로의 기준으로 좋은 문장을 골라내는 재미도 쏠쏠하게 느껴질 정도가 된다면 굳이 누군가가 알려주지 않아도 좋은 책과 글, 올바른 독서가 무엇인지를 찾아내는 법을 스스로 연구하고 터득하게 될 것이다. 좋아하는 대상을 더 좋아하고 싶어 파고들고 연구하고 완전히 자기 것으로 만들고자 하는 마음을 우리는 열정이라 부르지 않던가. 이쯤 되면 크든 작든 독서에 대한 열정이 생겼다고 할 수 있다.

이제는 본격적으로 어른다운 말하기, 글쓰기를 위한 연습을 할 차례다. 연습이라고 하니 뭔가 거창해 보이지만 그렇지 않다. 따로 준비물도 필요 없다. 그저 매일 행하는 독서에 덧붙여 10분 정도의 시간만 더 투자하면 된다. 독서를 하며 자신이 선택한 좋은 문장들을 소리 내어 여러 번 크게 따라 읽고 베껴 쓰기만 하면 된다. 5분은 소리 내어 읽고 5분은 베껴 쓰는 것이다. 정확한 발음과 또렷한 목소리는 대화를 자신 있게 이끌어 가는 힘이 된다. 좋은 글을 반복적으로 읽고 쓰는 사이 문장력과 논리력이 향상됨은 당연한 일이다. 상황에 따른 어휘의 적절한 구사는 단어 하나, 짧은 문장 하나만으로도 얼마든 가능하다. 일상 속에서 언어를 구사할 때 굳이 웅변가나 작가 수준의 전문성이 필요하지는 않다. 어른스러운 말하기와 글쓰기 능력은 이 정도로 충분하다.

독서는 이제 취미 목록에서 대중들에게 외면을 받고 있다. 하지만 다른 의미로는 여전히 많은 이들에게 사랑을 받는다. 앞서 언급한, 세계 최고 부자 중 한 명이자 소문난 독서가 워런 버핏은 다음과 같이 말했다.

"당신의 인생을 가장 짧은 시간에 가장 위대하게 바꿔 줄 방법은 무엇인가? 만약 당신이 독서보다 더 좋은 방법을 알고 있다면 그 방법을 따르기 바란다. 그러나 인류가 현재까지 발견한 방법 가운데서만 찾는다면 당신은 결코 독서보다 더 좋은 방법을 찾을 수 없을 것이다."

이렇게까지 거창하지 않아도 좋다. 그저 좀 더 말솜씨와 문장력을 늘리기 위한 목적이어도 된다. 혹여 삶이 지루하거나 정체돼 있다고 느끼거나, 의도와는 다르게 잘못된 방향으로 나아가고 있다고 생각된다면 한 번쯤은 책에 눈을 돌려보는 건 어떨까? 시간과 비용, 무엇을 따지더라도 여전히 가장 효율적인 능력 개발의 수단 '독서'에 말이다.

감정의 동물?
감정은 동물!

15

감정은 사고뭉치다. 주변에서 흔히 벌어지는 사건과 사고들은 바로 이 감정들이 멋대로 날뛰어서 발생한다. 우리는 자기 자신이 감정의 주인이라 믿지만 적지 않은 순간 감정에 휘둘려 사고를 치고 매번 후회를 한다. 사고라고 할 만큼은 아니어도, 감정의 힘을 감당하지 못하면 자신이 원하는 방향으로 삶을 끌고 나가지 못한다.

반려동물 양육 인구가 천만을 돌파했다. 한국인 다섯 중 하나는 반려동물을 키운다는 말이다. 이제 동물은 동물의 권리animal right에 대한 인식 변화, 1인 가구의 폭발적 증가와 함께 애완의 의미를 넘어 반려의 개념이 될 만큼 인간의 삶에서 중요한 부분을 차지하고 있다. 단순히 애정을 쏟고 귀여워해 주는 것만이 아니라, 정서적으로 '의지'하는 존재가 된 것이다.

한국인 다섯 중 하나는 반려동물을 키운다고 했는데 반대로 생각하면 다섯 중 넷은 그렇지 않다는 말도 된다. 펫코노미petconomy라는 말이 등장할 만큼 반려동물 시장은 급격히 팽창하고 반려동물 인구도 지속적으로 증가하고 있지만 동물을 키우지 않는 사람도 여전히 많다. 그런데 아무 동물도 키우지 않는 사람들에게도 함께 생활하는 동물이 있다. 한 마리도 아니고 네 마리나 된다. 그뿐만 아니라 네 마리 모두 종種이 다르기까지 하다. 바로 '희로애락喜怒哀樂'이라는 네 가지 감정이다.

인간은 감정의 동물이라고 한다. 그만큼 감정은 우리가 삶을 살아감에 있어 판단을 하거나 행동에 나설 때 주요한 동기로 작용한다. 감정은 예측 불허다. 힘도 세다. 그런 까닭에 인간의 가장 커다란 특징이라는 이성을 시도 때도 없이 압도한다. 심지어 철학자 흄David Hume은 "이성은 감정의 노예"라고까지 말했다. 아무리 길들여 보려 해도 길들여지지 않는 야생의 동물처럼 감정은 원초적이다. 그런 동물들이 네 마리나, 우리 내면에서 돌아다니는 것이다.

감정은 사고뭉치다. 주변에서 흔히 벌어지는 사건과 사고들은 바로 이 감정들이 멋대로 날뛰어서 발생한다. 우리는 자기 자신이 감정의 주인이라 믿지만 적지 않은 순간 감정에 휘둘려 사고를 치고 매번 후회를 한다. 사고라고 할 만큼은 아니어도, 감정의 힘을 감당하지 못하면 자신이 원하는 방향으로 삶을 끌고 나가지 못한다. 희로애락 중 기쁨喜과 즐거움樂은 막연히 긍정적인 감정이라고만 생각하지만 딱히 그렇지도 않다. 앞서 〈포기하면 정말 편하다!〉 에피소드에서, 우리가 집착하고 있어 정상적인 삶을 포기하게 만드는 그 무언가를 포기해야 한다고 이야기했다. 우리가 무언가에 집착을 하게 되는 이유도 희와 락의 감정을 적절히 통제하지 못한 데 그 원인이 있다. 순간의 쾌락을 이기지 못해 나락으로 곤두박질치는 명사名士들을 다룬 뉴스는 더 이상 놀랍지 않다. 사회적 문제가 돼 버린 우울증이나 분노조절장애는 설명이 불필요할 정도다.

일부 사람들은 자신이 감정을 완벽히 통제할 수 있다고 믿는다. 어떤 상황이 되더라도 포커페이스를 유지할 수 있으며, 때로는 일부 감정을 아예 없애버릴 수 있다고까지 생각을 한다. 이는 잘못된 믿음이고, 동시에 위험한 행동이다. 우리는 죽을 때까지 희로애락 중 그 어느 감정도 삶에서 몰아낼 수 없다. 포커페이스를 유지하든 어떤 감정을 아예 한 번도 안 드러내든 이는 통제나 배제排除가 아니라, 마음속 깊은 곳 어딘가에 그 감정을 일시적으로 감춰 둔 것일 뿐이다. 살아있는 생명을 '억지로' 유폐幽閉하려 하면 어떻게 되겠는가? 그 생명은 더욱 격렬하게 저항하지 않을까? 또한 파문으려는 행위 자체에서 마음이 상처를 입을 수밖에 없다.

근래 들어 직장인들의 감정노동 문제가 크게 부각되고 있다. 상사 혹은 고객들의 부당한 '갑질'에 올바른 감정으로 대응하지 못하고 속으로만 끙끙 앓으며 마음의 병을 키우는 이들이 늘고 있다. 심한 경우 정신 질환을 얻거나 아예 사회생활 자체를 포기해야 할 만큼 심적 고통이 커지기도 한다. 비단 직장 생활에만 국한되는 이야기가 아니다. 어떤 장소에서든, 누구와 마주하든 자신의 감정을 똑바로 드러내지 못하고 숨기거나 왜곡하는 사람들이 있다. 상대방을 향한 과도한 배려, 혹은 상대방을 향한 불신과 경시輕視, 뒤틀린 열등감과 패배감, 단지 남들과는 다르게 쿨하게 보이고 싶은 심리 등등 다양한 이유가 있겠지만 무엇이 되었든 감정을 똑바로 드러내지 못하고 '연기'를 하는 사람들에게는 현재 문제가 없더라도 언제가 감정과 관련하여 문제가 발생할 가능성이 다분하다.

희로애락 중 그 어떤 감정도 유폐하지 않고 모두 온전히 드러낸다면 관계 맺기의 핵심인 '공감共感' 능력도 비로소 체득하게 된다. 당신과 나는 다르다. 그리고 우리는 이 세상 그 누구와도 같지 않다. 공감이 없다면 관계는 맺어지지 않는다. 평범하고 일상적인 관계가 급속도로 발전하게 되는 계기는 아주 작은 감정의 교류에서 시작된다. 반대로 아주 작은 감정의 충돌 때문에 굳건하고 긴밀한 관계가 순식간에 파탄에 이르기도 한다. 그만큼 감정의 힘은 위력적이고, 공감 능력은 관계를 지속적으로 유지하는 원동력이라 할 수 있다. 관계 맺기에 유능한 사람이 되고자 한다면 실제의 '만남' 속에서, 감정의 '충돌' 속에서 공감 능력을 키워 나가야만 한다. 관계는 머릿속에서만 이루어지는 망상이 아니라 '실전'이기 때문이다.

그렇다면 감정이란 동물들을 우리는 어떻게 다루어야 할까?

이번 에피소드를 반려동물로 시작한 이유는 감정이 우리와 평생 함께해야 할 동물이라면 바로 반려동물처럼 대우하자는 취지에서였다. 바로 통제가 아닌 '동행'의 마인드다. 희와 락만이 아니라, 로와 애까지 포함하여 모든 감정들의 존재를 인정하고 소중하게 여겨야 한다. 동물을 반려자로 생각하는 사람들은 절대 동물을 억압하지 않는다. 가족이나 친구, 연인처럼 아끼고 애정을 쏟는다. 마찬가지로 감정들이 마음껏 자기 자신 안에서 생동하고 더불어 살게 만들어야 한다.

감정에 관한 가장 중요한 문제는 감정을 드러내느냐 아니냐가 아니라 '감정을 어떻게 드러내느냐'이다. 반려동물의 범위를 반려견으로 좁혀 보자. 종일 집에만 있는 반려견에게는 신체적으로나 정서적으로나 산책이 필수고, 주기적으로 산책을 해야만 건강을 유지할 수 있다. 마음도 크게 다르지 않다. 혼자 있을 때이든 타인과 함께할 때이든 마치 '산책'을 하듯 감정을 드러내려는 노력이 필요하다.

산책이 시작되면 일상의 시곗바늘은 다른 때보다 조금 더 느리게 돌아간다. 그렇게 평소보다 천천히 걸으면 저절로 풍경의 면면이 평소보다 자세히 눈에 들어온다. 바쁜 일상 속에서는 인지하지 못했던 세계의 구조와 외관이 어떠한가를 깨닫게 되는 것이다. 외부만이 아니다. 치열한 생각으로 가득했던 머릿속도 차분하게 가라앉으면서 내가 누구고 어떠한 사람인지, 내가 처한 상황이나 다가올 미래가 어떠한지 또한 곰곰이 돌아볼 수 있다. 이렇듯 여유로운 산책의 가장 큰 장점은 세상을 향한, 나 자신을 향한 관조(觀照: 고요한 마음으로 사물이나 현상을 관찰하거나 비추어 봄)와 그에 따르는 깨달음이라고 할 수 있다.

감정과의 산책 또한 마찬가지다. 기쁨이든 노여움이든 슬픔이든 즐거움이든 감정을 드러낼 때도 여유를 찾는 게 중요하다. 어떠한 상황에서든 여유롭고 차분한 마음으로 '내가 감정을 드러냈을 때 이 세상은 어떤 모습인지, 나 자신은 어떤 모습을 하고 있는지를 관조'하는 것이다.

산책을 할 때는 세상이 나를 방해하지 않고 나도 세상을 방해하지 않는 것처럼, 감정이 언행으로 드러날 때에도 나를 둘러싼 외부는 여전히 평상시의 모습을 유지한다면 올바른 감정의 표출이라 할 수 있다. 잠깐의 여유와 관조를 통해, 감정 표출 이후에도 나와 이 세상 사이에 균형을 유지하는 것. 이것이 바로 감정과의 산책이다.

반려견과 산책을 나갈 때는 필수품이 있다. 바로 목줄이다. 목줄은 타인에게 피해를 주지 않기 위한, 최소한의 안전장치다. 산책을 할 때는 감정에게도 목줄이 필요하다. '나의 감정으로 타인에게 상처나 피해를 입히지 않겠다.'라는 최소한의 '이성적'인 생각을 늘 잊지 말아야 한다. 자신의 감정을 솔직히 드러내되, 그로 인해 타인의 감정이 상하지 않게 노력한다면 우리는 얼마든 감정을 맘껏 드러내고도 주변에는 충분히 이성적인 사람으로 비춰질 수 있다.

우리는 어린 시절부터 죽을 때까지 평생을 살아가며, 감정을 통제할 줄 알아야 한다고 늘 배우지만 앞서 살펴보았듯 감정의 통제란 무척 어려운 일이다. 감정을 억지로 억압할수록 마음은 불안해지기 마련이다. 하지만 통제가 아닌 동행이라면, 나의 감정 때문에 주변 사람들이나 나 자신이 상처를 받는 일은 없을 것이다.

어른들의 중2병, 중20병

그런데 중2병은 청소년의 문제만이 아니다. 성인이 되었음에도 여전히 중학생 시절의 치기(稚氣)를 버리지 못하고, 자신만의 세계에서 빠져나오지 못하는 이들이 적지 않다. 여기에는 부모의 과잉보호, 취업난과 경기 침체로 인한 경제적 독립의 지연 등 다양한 원인이 있다. 중학교를 졸업한 지 한참이 흘렀지만 여전히 아이처럼 행동하고 스스로를 통제하지 못하고 사고를 치기도 한다.

16

중학생 시절, 나의 꿈은 27살에 죽는 것이었다. 27살에 스스로 생을 마감한 록 스타, 너바나Nirvana의 리더 커트 코베인Kurt Cobain 을 신앙처럼 떠받들었기 때문이다. 신기하게도 27살에 죽은 유명 록 스타는 커트 코베인만이 아니다. 재니스 조플린Janis Joplin도, 지미 헨드릭스Jimi Hendrix도, 도어즈The Doors의 짐 모리슨Jim Morrison도 27살에 요절했다. 다들 대중음악 역사에 한 획을 그은 인물들이 며 말 그대로 '불꽃'처럼 살다 갔다(이 원고를 쓰는 지금도 도어즈의 ⟨Light my fire⟩를 들으며 흥얼거리고 있다).

그때는 그런 게 참 멋있어 보였다. 커트 코베인이 유서에 인용한 닐 영Neil Young의 노래 가사 "천천히 사그라지는 것보다는 확 타오르는 게 낫다It's better to burn out than to fade away."를 좌우명으로 삼았고, 나도 그렇게 살고 싶었다. 그 누구의 시선과 의견에도 굴하지 않고 내가 하고 싶은 일을 찾아 모든 것을 쏟아부으며 살다가 열정이 다 타 버리면 커트 코베인처럼 미련 없이 세상을 떠나겠다고 늘 마음먹었다. 그렇게 매일 음악 생각뿐이었고, 헤드폰을 벗는 순간 마주하는 현실은 무척이나 따분한 곳이었다. 친구들과 재미있게 노는 것도 그때뿐, 혼자 있을 때에는 어김없이 고독과 허무가 몰려왔다(?). 그 시절 나에게는 "음악만이 나라에서 허락하는 유일한 마약"이었다.

시간은 점점 흘러 27살이 되던 해, 나는 대학을 졸업했다. 막상 졸업은 했지만 취직은 꿈도 꾸지 못했다. 뭘 하고 싶은지, 뭘 해야 할지 몰라 적지 않은 시간을 허송세월로 보내기도 했다. 그렇게 커트 코베인처럼 생을 마감하기로 했던 27살로부터 10년이 넘는 시간이 훌쩍 흐른 지금, 나는 여전히 멀쩡하고 솔직히 말해 앞으로도 건강한 모습으로 '오래오래' 살고 싶다.

'중2병'이라는 말이 있다. 일본에서 유래된 중2병中二病, ちゅうにびょう은 사춘기에 접어든 청소년들이 겪는 심리적 불안 및 혼란과 자의식 과잉 상태, 그로 인한 반항과 일탈 등의 행동 양상을 일컫는 말로 우리나라에서도 대중적으로 쓰이고 있다. 중학생 시절, 내가 음악에만 몰입하고 세상을 부정적으로 바라보았던 까닭도 중2병을 겪고 있었기 때문일 것이다.

중2병은 실제로는 병이 아니다. 그 시절 내가 그랬던 것처럼, 개인마다 차이는 있지만 사춘기에 접어든 청소년이라면 누구나 경험하는 하나의 현상일 뿐이다. 아동기를 지난 청소년들은 왕성한 호기심을 바탕으로 타인과 이 세상을 분석하고 해석하고 정의한다. 그러고는 이를 재조합하여 완벽히 자신의 이상에 부합하는 새로운 세상을 만들어 내고 그 안에서 살아가려 한다. 하지만 현실이 그렇게 만만한 곳은 아니지! 그 이상적인 세계는 현실의 높은 벽에 부딪혀 어찌할 도리 없이 부서지기 마련이다. 그 과정에서 자신만의 세상 속으로 더욱 깊숙이 도피하거나 격렬히 저항하기도 한다. 이런 면에서 청소년들이 지나칠 정도로 아이돌 가수에 열광하거나 방구석에 틀어박혀 애니메이션과 라이트노벨Light novel에 몰입하는 경우도 중2병의 일종으로 볼 수 있다. 다만 반항이나 일탈, 특정 대상에 대한 몰입의 정도가 과다할 경우 이를 바라보는 입장에서는 걱정거리가 될 수도 있다. 그래서인지 일부 학부모나 미디어에서는 중2병을 심각한 문제로 받아들이거나 다루기도 한다. 나 역시 공부는 안 하고 음악만 듣는다고 부모님께 자주 혼났던 기억이 있다.

상상으로 만든 세상 속에서만큼은 누구나 주인공이 된다. 세상은 자신을 중심으로 돌고 있으며, 그 안에 존재하는 모든 이들에게 항상 주목과 갈채를 받는다. 청소년들은 자신이 만든 백일몽白日夢만이 아니라 현실에서도 주목받고 있다고 착각을 하곤 한다. 사실 아무도 신경 쓰지 않음에도 주변에서 늘 자신의 행동을 주시하고 있다고 생각하고, 이를 의식하여 행동하기도 한다. 청소년들의 이러한 성향을 아동심리학의 권위자 데이비드 엘킨드 David Elkind는 '상상의 청중imaginary audience'이라고 불렀다.

상상으로 만들어낸 완벽한 세계와 그 대척점에 있는 불완전한 현실. 이 두 가지 세상의 충돌 속에서 때때로 청소년들은 비현실적 몽상이나 현실을 향한 불신과 무시, 과장된 긍정 마인드 혹은 반대로 극도의 좌절감을 '현실의 청중'들에게 드러내기도 한다. 이것이 바로 중2병의 주요 증상(?) 중 하나인 '허세'다(에피소드 초반에 언급한 "음악만이 나라에서 허락한 유일한 마약"의 유래가 바로 좋은 예시다).

중2병은 원래 심각한 단어가 아니었다. 처음 중2병이 등장한 일본에서는 보통 가벼운 유행어 정도로 간주한다. 실제로 중2병의 증상이라고 해 봤자 성장 과정에서 반드시 겪게 되는 통과 의례, 즉 성장통이지만 우리나라에서는 '병'이라는 단어가 부각돼서인지 부정적으로 바라보는 편이다. 그래서 중2병이 언급될 때는 허세를 부리는 청소년들을 향한 조롱과 멸시의 시선이 기본적으로 깔려 있다(그렇게 청소년의 중2병을 부정적으로만 바라보는 어른들에게는, 기억력에 좋은 음식 좀 많이 드시고 제발 올챙이 적 좀 떠올려 보시라 권하고 싶다).

그런데 중2병은 청소년의 문제만이 아니다. 성인이 되었음에도 여전히 중학생 시절의 치기稚氣를 버리지 못하고, 자신만의 세계에서 빠져나오지 못하는 이들이 적지 않다. 여기에는 부모의 과잉보호, 취업난과 경기 침체로 인한 경제적 독립의 지연 등 다양한 원인이 있다. 중학교를 졸업한 지 한참이 흘렀지만 여전히 아이처럼 행동하고 스스로를 통제하지 못하고 사고를 치기도 한다. 그렇게 현실을 받아들이지도, 현실에 적응하지도 못한 채 하릴없이 시간만 보내곤 한다. 겉으로는 사회생활을 잘해 나가는 것처럼 보이지만, 속으로는 중2병을 끙끙 앓는 사람들도 존재한다. 자신이 중2병을 앓는다는 사실을 들키면 "넌 다 큰 사람이 대체 왜 그러니?"라는 질책을 듣거나 비웃음이라도 살까 봐 짐짓 안 그런 체할 뿐이다. 중학교를 10년, 20년 넘게 다니기라도 하듯 성인이 돼서도 중2병에서 빠져나오지 못하니 '중20병'이다.

중2병도 병이 아니듯 중20병도 병이 아니다. 그리고 다 큰 어른이 중2병이면 좀 어떤가? 중2병이 문제가 되는 까닭은 정도가 너무 '과한' 나머지 타인에게 피해를 주기 때문이다. 하지만 대다수의 청소년들은 사춘기 내내 큰 사고 안 치고 잘 보내기만 한다. 마찬가지로 큰 사고 안 치고 타인에게 되도록 피해만 주지 않는다면 성인이 중2병 좀 앓으며 살아간다고 무엇이 문제이겠느냐는 말이다.

청소년 시절, 우리가 꿈꿨던 세계는 아름답고 완벽한 곳이었다. 답답함을 넘어 분노를 유발하는 현실의 전복顚覆을 꾀하고, 화려한 주인공이 되어 세상의 정복征服을 꿈꾸기도 했다. 그때는 열정이 있었다. 내면에서 생동하는 기운을 주체할 수 없었고 그 격렬한 감정은 오직 자기 자신과 자신이 사랑하는 것들로만 향했다. 초라하고 지루한 현실을 견디다 못해 때때로 좌절하고 울분을 터트리기도 하지만 그마저도 때 묻지 않은, 순수함의 발로發露였다. 다만 너무 어렸기에 자신만의 유토피아Utopia가 무너지는 것을 속수무책으로 지켜만 봐야 했다.

그 시절의 뜨거운 열망과 그에서 비롯된 행동들을 단지 어른 말을 듣지 않는다고 해서, 성격이 유별나다고 해서, 공부는 안 하고 공상과 딴짓에만 몰두한다고 해서, 현실도 모르면서 제멋대로 날뛴다고 해서 깡그리 중2병으로 싸잡아 매도하고 폄하하는 게 과연 정당한 일일까? 누군가는 중2병 청소년의 행동이 기행奇行을 넘어 비행非行으로 치닫기 때문에 문제라고 지적한다. 그게 왜 청소년 탓인가? 잘못된 가정교육과 교육환경, 자극적인 성인문화의 무방비한 노출을 청소년 스스로 조장했다는 말인가? 그 아이들은 그저 어른이 만들어 놓은 세상의 추악한 면을 자신의 이상향으로 삼았을 뿐이다.

중2병은 거부할 수 없는 정신적 성장통이다. 시대적·문화적

배경과 개인적 차이에 따라, 체감의 정도는 각기 다르겠지만 성인들 역시 누구나 중2병을 겪었을 것이다. 자신의 경험과 거리가 멀다고 해서 무조건 부정적으로 바라보고 배척하는 것은 어른스러운 태도가 아닐뿐더러 해결책도 될 수 없다. 전문가들도 중2병이 한창인 자녀를 둔 부모들에게 가장 먼저 '이해'를 강조한다. 자녀의 눈높이에 맞추고 자녀의 목소리에 귀 기울이고 부모가 아닌 친구처럼 접근하라고 한다. 또한 자녀를 올바른 방향으로 이끌고 싶다면 부모 스스로가 먼저 모범이 되고 존경을 받을 만큼 좋은 사람이 되어야 한다. 그래야만 자녀를 컨트롤할 수 있는 최소한의 '자격'이 생기기 때문이다.

중20병도 마찬가지다. 중20병을 앓는 성인들에게 손가락질을 하기 전에 사회의 환경과 당사자의 자격에 대해 먼저 고민해야 한다. 여러분이 생각하기에 현재 우리 사회는 이상적인 곳인가? 흔히 사회생활 좀 했다는 어른들은 말한다.

"세상은 호락호락하지 않다. 꿈은 꿈일 뿐, 공상은 이제 그만두고 현실을 직시해라. 현실에 순응하고 현실과 타협해라. 네가 하고 싶은 것 다 하면서 살 수는 없다. 그러니 먹고살 걱정부터 하고 네가 좋아하는 것들은 뒤로 미뤄 둬라. 그저 남들 하는 것만큼 하면서 평범하게 살아가는 게 최선이다."

맞는 말이다. 맞는 말이지만 문제는 정상적인 현실에서나 적용되는 논리라는 점이다. 착한 사람은 바보 취급을 당하는 현실. 정정당당하게 승부하면 십중팔구 패배로 이어지는 현실. 아무리 노력해도 기회조차 주어지지 않는 현실. 자신만의 철학과 이상理想에 대해 이야기하면 비웃음만 사는 현실. 이토록 일그러진 현실 속에서 철저히 현실에 맞추어 살라는 이야기는 위선僞善이 아닐까?

미디어에서는 툭하면 획일화된 교육과 몰개성의 사회 분위기, 물질만능주의와 커져만 가는 빈부 격차에 대해 비판한다. 그런데 내가 학교를 다니던 20년 전에도 똑같은 말을 들었고, 어떠한 점이 나아졌는지 체감하기 힘들다. 오히려 현실은 더 우울하고 전망은 암담하다. 승자 독식Winner takes all의 사회 구조는 여전히 유효하며, 더 높은 곳을 향해 올라갈 기회의 평등은커녕 기회를 얻기조차 힘들어졌다. 성적이 최고고 돈이 최고다. 사회가 제시하는 틀에 최대한 맞춰도 평범하게 살기에는 모자란다. (아주아주 좋게 말해서) 위정자들은 그때나 지금이나 국민들을 위한(?) 유토피아 건설에 최선을 다한다지만, 솔직히 서민들 입장에서 현재 우리 사회의 모습은 디스토피아Dystopia에 가까워 보인다. 그 안에서 온전히 사회인으로서 자리를 잡지 못한 채, 사춘기 청소년처럼 절망하고 방황하는 성인들에게 필요한 것 또한 손가락질이 아닌 '이해'다.

과도한 허세, 반항과 일탈은 분명 중2병의 부정적 측면이다.

하지만 중2병에 부정적 면만 있는 것은 아니다. 자신만의 유토피아를 구축하고 이에 몰입하는 과정은, 스스로 자신의 가능성을 발견해 내고 잠재력을 폭발시키게 만드는 힘이 있다. 또한 사춘기 청소년은 자기 자신과 열렬히 사랑에 빠진다. 인생에 있어 그 어느 시기보다 높은 자긍심으로 똘똘 뭉쳐 있으며, 이제 막 성인기에 접어든 몸에서는 활력이 뿜어져 나온다. 특별한 계획이나 동기 부여가 없지만 무엇이든 내 뜻대로 이룰 것만 같은 '근자감'도 넘친다. (공부 빼고는…) 하고 싶은 것이 있다면 주저 없이 행동에 나서는 실행력도 있다.

어떤가? 힘겨운 현실을 이겨내고 원하는 바를 성취하고자 할 때 반드시 요구되는, 가장 기본적인 태도들이다. 더군다나 성인이라면 이제 사회가 어떤 곳인지 어느 정도는 파악하고 있으며, 좀 더 객관적으로 자신을 바라볼 줄도 안다. 한 번 실패했다고 사춘기 때처럼 스스로를 비탄에 빠트리고 이 세상에서 가장 불행한 사람인 것처럼 굴지 않는 방법도 알고 있다. 이렇듯 중2병의 긍정적 요소만을 자기 것으로 만들 수만 있다면 중20병은 놀림감이 아니라 이 세상을 살아가는 데 있어 가장 든든한 '무기'가 될 수 있다.

물론 전제 조건이 있다. 중2병 청소년 때도 마찬가지이지만, 남들에게 피해를 주지 않을 것. 그리고 사회와 타인에게 이해와 인정을 구하려면 본인 역시 상대방을 먼저 이해하고 인정할 것. 이 두 가지만 명심한다면 이따금 허세 좀 부려도, 좀 톡톡 튀고 남들과는 다른 길을 가더라도 당신은 충분히 사랑받으며 중20병 시기를 보낼 수 있다.

1992년 2월, 미국 음악계에서는 기념비적인 사건이 벌어진다. 당대 최고 팝 가수 마이클 잭슨Michael Jackson의 명반 〈Dangerous〉를 밀어내고 너바나의 메이저 데뷔 앨범 〈Nevermind〉가 빌보드 앨범 차트 1위에 오른 것이다. 비와 안개의 도시 시애틀Seattle 출신의 맹랑한 신인 밴드가 미국을 넘어 전 세계를 대표하는 록 그룹의 반열에 오르는 순간이었다. 너바나의 앨범 제목인 〈Nevermind〉는 '(내가 무엇을 하든) 신경 꺼'라는 뜻이다. 이 앨범에는 90년대 초 젊은이들의 송가가 된 타이틀곡 〈Smells like teen spirit〉을 포함해 총 12곡이 실렸다. 젊은이 특유의 나르시시즘, 자유로운 삶에의 갈망, 목표의 좌절에서 오는 비애, 기성세대가 만들어 놓은 지루한 세상을 향한 분노와 저항 정신이 격렬하게 담겨 있다. 자신은 전혀 그럴 생각이 없었음에도 순식간에 X세대의 대변인이 돼 버린 너바나의 리더 커트 코베인은 온통 자신에게 쏠린 시선의 무게와 만성 약물중독, 우울증을 견디지 못하고 스스로 생을 마감했다.

이제 와서 돌이켜 보건대 커트 코베인은 인류 역사상 가장 많은 사랑을 받았던 중2병 환자였다. 비록 자살로 생을 마감하여 그의 업적과 명성이 신화적으로 부풀려진 면도 없지 않지만 당시 커트 코베인이 보여준 삶의 태도는 수많은 젊은이들을 감화시켰고, 지금도 유효하다. 누차 말하지만 어른은 실수를 반복하지 않는다. 우리는 그저 커트 코베인이 보여준 삶의 태도 중 긍정적 측면만을 자신의 것으로 받아들이면 된다. 그가 남긴 말 중 하나를 소개한다.

"다른 누군가가 되고자 하는 것은 나 자신을 낭비하는 짓이다
Wanting to be someone else is a waste of who you are."

어른은 주체적으로 행동할 줄 안다. 이 세상은 기성품같이 똑같은 삶의 모습을 강요하지만 어른에게는 이를 거부하고 자신만의 삶을 살아갈 의지와 실행력이 있다. 평범하게 살아가든 중20병 환자로 살아가든 말이다. 물론 어떠한 길을 선택할지는 당신의 몫이고.

고독해야 인간이다

인간이 사회적 동물이라는 사실을 우리는 다들 피부로 느끼고, 잘 알고 있다. 이 세상에 완벽한 관계란 없으며 관계는 끝없이 흔들리고 외부를 향해서든 내부를 향해서든 관계와 관련하여 자연스레 의구심이 생겨난다. '개인적인 관계의 단절'을 비롯하여 내가 몸담은 '사회, 조직, 연대로부터의 분리'는 그렇게 불안을 유발한다.

17

취미를 위해, 업무를 위해 다양한 영상 프로그램을 접하게 되는데 그중에서도 자연을 배경으로 한 다큐멘터리를 가장 즐기는 편이다. 자연은 참으로 경이롭다. 지구를 정복(?)했다는 인간이 실제로는 얼마나 무력한 존재인지를 뼛속 깊이 깨닫게 한다. 의도한 일이 원활히 진행되지 않아 꽉 막힌 기분이 들거나 아이디어가 떠오르지 않아 답답할 때는 영상 속 자연을 바라보는 것만으로도 머리와 마음이 확 트인다. 미개한 존재로 치부되곤 하는 동물들의 세계 또한 놀라움으로 가득하다. 분명 야성의 세계임에도 인간 세상 못지않은 질서와 효율이 그 안에 자리하고 있다. 때로는 이성이라는 가면을 뒤집어쓰고 뒤로는 온갖 악행을 일삼는 인간이야말로 야만스러운 존재라는 생각이 들기도 한다.

동물 관련 다큐멘터리를 볼 때면 이따금 '짠한' 장면과 마주친다. 단독 생활을 하는 종이 아님에도 무리에서 떨어져 나와 홀로 지내는 동물들을 볼 때다. 대개 그런 동물들은 늙거나 병들거나 세력 다툼에서 패배했거나 긴 여행 중 길을 잃어버린 경우에 해당한다. 석양을 배경으로 외로이 패잔병처럼 터벅터벅 걸어가는 동물들은 참으로 쓸쓸해 보인다. 만일 그 영상을 보는 당사자가 사회에서 비슷한 상황에 놓여 있다면 왠지 울컥할지도 모른다(나 역시 자주 울컥했다…).

무리에서 떨어진 동물을 보면서 대부분의 사람들이 '외로움'이라는 감정을 떠올린다. 하지만 홀로 있는 동물이 외로움이라는 감정을 진짜 느꼈을까? 물론 인간 외의 일부 동물에게도 감정이 있다고 한다. 무리 생활을 하는 동물이 홀로 낙오되면 먹잇감을 찾지 못하거나 다른 동물의 공격에 의해 이른 시일 안에 죽게 될 확률이 커진다. 분명 두려울 것이다. 하지만 외롭다는 감정은 그런 감정과는 다르다. 외로움은 인간의 언어로도 다 설명하기 어려운, 미묘하고 복잡한 감정이기 때문이다.

전혀 외로울 상황이 아닐 때에도 인간은 종종 외로움을 느낀다. 붐비는 인파 속에서 열심히 목적지를 향해 걷다가도, 사랑하는 연인과 손깍지를 끼고 마주보며 사랑을 속삭이다가도, 떠들썩한 분위기 속에서 친구들과 술잔을 기울이다가도, 더없이 평온한 분위기 속에서 식구들과 정답게 식사를 하다가도 인간은 느닷없이 외롭다고 느낀다. 혼자가 되었을 때는 물론이거니와 상황과는 별개로 종종 찾아오는 외로움의 감정이 때로는 무척 격하게 느껴질 때가 있다. 우리는 이러한 감정을 "세상에 홀로 떨어져 있는 듯이 매우 외롭고 쓸쓸함"을 의미하는 '고독孤獨'이라 부른다.

　흔히 인간은 고독한 존재라고들 한다. 인류 역사가 시작된 이래 수많은 철학가와 문학가들이 "왜 인간은 고독한가?"라는 질문에 답하기 위해 일생을 바쳤고 그만큼 많은 가짓수의 해답이 나왔지만 완벽한 정답은 없다. 그리고 인류 역사가 끝날 때까지 그 누구도 완벽한 정답을 제시하지 못할 것이다. 고독은 인간을 정의하는 가장 뚜렷한 특징이며, 동시에 인간의 전유물이다. 인간은 자신이 처한 상황 때문에 어찌할 수 없이 고독해질 때도 있지만 그렇지 않은 상황에서도 고독하다고 느낄 수도 있으며, 본인의 의지로 스스로를 고독의 깊은 골짜기로 몰아가기도 한다. 살면서 한 번도 고독한 감정을 느끼지 못한 사람이 있다면? 자신 있게 말할 수 있다. 그 사람의 인생은 정상이 아니다.

　그렇다면 고독은 어떠한 감정인가? 눈부시게 찬란한 봄날이나 옆구리가 시린 가을밤, 사랑하는 사람이 곁에 없어서 "아, 너무 외롭다!"라고 목청껏 외치고 싶은 기분이 전부일까? 아니면 간단히 술 한 잔 기울이며 세상 살아가는 이야기 좀 나누고 싶은데 혼자 집에서 맥주나 한 캔 할 수밖에 없을 때? 나만 빼고 다른 사람들은 다 잘살고 잘나가는 것 같아 우울할 때도 고독하다고 느끼지 않을까? 이외에도 셀 수 없이 많은 나름의 '경우'가 있을 것이다.

그 무엇이 되었든 간에 우리는 이렇게 종종 고독해진다.

사람들은 보통 고독하다고 느껴지면, 당연하다는 듯 그 무거운 감정에서 벗어나기 위해 행동에 나선다. 고독이 깊어지거나 길어지면 '불행'하다고 생각하기 때문이다. 그렇다면 고독은 무조건 부정하고 피하고 극복해야 할 감정일까. 물론 세상에서 떨어져 나와 혼자가 된다는 건 서글픈 일이지만, 이를 불행까지 몰아가면 비약飛躍이 심한 것이 아닐까? 불행과 발음은 비슷하지만 전혀 다른 의미의 단어가 하나 있다. 바로 '불안'이다. 고독하면 불행해지는 것이 아니라 불안해진다고 해야 맞다.

고독을 느끼면 불안해지는 까닭은 인간은 기본적으로 혼자 살수 없는 동물, 즉 '사회적 동물'이기 때문이다. 서양 철학사에서 가장 중요하고 위대한 인물로 꼽히는 아리스토텔레스Aristoteles는 인간을 '조온 폴리티콘zoon politikon'이라고 정의했다. 조온 폴리티콘은 직역하면 '정치적 동물'이지만 당시 국가(사회)를 의미하는 폴리스polis에서 생활하는 동물, 폴리스라는 공동체의 구성원을 조온 폴리티콘으로 일컬었다는 점에서는 얼마든 '사회적 동물'로도 해석할 수 있으며 실제로 그러한 의미로도 빈번하게 쓰인다.

굳이 아리스토텔레스가 인간을 사회적 동물로 정의 내렸다는 점에 주목하지 않아도, 인간이 사회적 동물이라는 사실을 우리는 다들 피부로 느끼고, 잘 알고 있다. 이 세상에 완벽한 관계란 없으며 관계는 끝없이 흔들리고 외부를 향해서든 내부를 향해서든 관계와 관련하여 자연스레 의구심이 생겨난다. '개인적인 관계의 단절'을 비롯하여 내가 몸담은 '사회, 조직, 연대로부터의 분리'는 그렇게 불안을 유발한다.

관계의 문제와는 별개로, 소속감의 부재로 생겨나는 고독도 있다. 취업이나 연봉, 결혼이나 자녀 문제 등에서 남들보다 시기적으로 늦어질 경우, 사회에서 제시하는 평균적 기준에 포함되지 못했다는 생각에 불안해지고 고독해지는 것이다. 관계적으로는 큰 문제가 없음에도 주변에서의 압박이나 자격지심이 바로 그 원인이다. 요즘은 타인의 시선을 의식하지 않고 맘 내키는 대로 자유롭게 살아가는 사람들이 늘어났지만, 그에 못지않게 그 사회적 기준에 집착하고 평균적인 집단에 소속되기 위해 애쓰는 사람들도 여전히 많다.

앞서 언급했듯이 관계에도 문제가 없고 소속감이 부족할 일이 없음에도, 인생이 알아서 잘 굴러간다고 생각되는 순간에도 고독은 느닷없이 찾아오기도 한다. 그 고독한 시간 속에서 우리는 때로는 열정을 잃고 허무해지거나, 때로는 길을 잃고 방황하기도 한다.

그렇다면 그 고독이라는 불안의 순간들을 어떻게 넘겨야 할까? 가장 좋은 방법은 '현실에의 순응'이다. 관계가 유지되든 틀어지든, 어딘가에 소속되든 아니든, 갑자기 고독감이 생겨나든 말든 현실에 몸과 마음을 모두 맡기고 순한 양처럼 아무 일도 없다는 듯 살아가면 된다. 나만 세상에서 뚝 떨어진 채로 지독하게 고독하고 불안하다고 해서 영원히 그러리란 법은 없다. 잠시 내 위치가 흔들리는 것 같다고 느껴도 그것이 당장 인생을 퇴보시키거나 피폐하게 만드는 것은 아니다. 군이 '불필요한 불안' 속에서 삶을 살아갈 필요는 없다는 말이다.

하지만 다른 관점에서 한번 고독을 바라보면 어떨까? 고독은 관계를 향한 끊임없는 의심, 안정과 나태라는 허물에서 벗어나 더 나은 삶을 살고자 하는 의지에서 비롯된다. 이는 삶이 안정하든 불안하든 우리의 내면에는 개인적 관계나 사회적 시선이라는 한계를 넘어, '현재보다 더 나은 삶을 살고자 하는 본능'이 자리하고 있기 때문이다. 결국 고독은 그 시간들을 어떻게 보내느냐에 따라 개인적 성장의 토대 혹은 반전의 기회가 될 수도 있다는 말이다.

사회적 관계의 분리로부터 생기는 고독이든, 하나의 고귀한 인간으로서 자신의 존재를 증명하고자 하는 몸부림이든 모든 고독은 다음과 같이 정의할 수 있다. 고독이란 더 나은 생을 바라는 마음에서 생겨나는 '치열한 고민'이라는 것이다. 만약 지금 고독하다고 느낀다면, 이는 현실이 불만족스럽다는 이야기며 지금 누구보다도 치열하게 생을 행복으로 이끌기 위해 고민하고 있다는 말이다. 그러므로 고독은 불안감 가득한 고통이 아니라, 설렘 가득한 고민으로 받아들여야 한다.

자립이란 부모에게서 독립하여 경제적으로 혼자 살아갈 수 있음을 의미하지만은 않는다. 그 어떤 사람들에게 둘러싸이더라도, 그 어떤 상황에 직면하더라도 나 자신을 잃지 않고 한 명의 인간으로서 존귀함을 유지하고 행복한 삶을 성취하는 것이야말로 진정한 자립이라 할 수 있다. 고독을 해소하고 행복한 일상을 되찾는 길은 바로 이 자립에 있다.

시인이자 사상가인 에머슨Ralph Waldo Emerson은 『자립』이라는 에세이에서 다음과 같이 말했다. "Ne te quaesiveris extra(Do not seek for things outside of yourself, 자기 자신의 밖에서 무언가를 찾지 마라)." 외부와의 관계가 흔들리고 균열이 발생한다면, 우리는 자연스레 몰려드는 고독감을 차분하게 받아들이고 가만히 자기 자신에게 집중할 필요가 있다. 그 어떤 사회적 기준과 타인의 시선 속에서도 항상 떳떳하고 당당할 수 있을 만큼 자립하기 위해 스스로를 '담금 질'하는 것이다.

남들보다 좀 취업이 늦으면 어떤가? 혼자 있는 그 고독의 시 간 동안 당신의 성취에 따라 친구들보다 훨씬 좋은 직장에 들어갈 수도 있고 사업가로 대성할 자질을 키울 수도 있다. 결혼을 좀 안 하거나, 아이를 가지지 않으면 또 어떤가? 배우자나 자녀에게 기 대거나 집착하지 않고도 충분히 행복한 삶을 살 수 있음을 고독 의 시간 동안 증명해 나간다면 연민의 시선은 부러움의 시선으로 뒤바뀌지 않겠는가? 평온한 삶에 갑작스레 고독이 찾아온다면 두 팔 벌려 환영하자. 당신에게는 지금보다 더 행복해질 수 있는 여 지가 여전히 남아 있다는 말이기 때문이다. 그렇게 고독은 강력 한 동기 부여이자 에너지의 근원이 되어 우리 스스로를 외부로부 터의 고립이 아닌, 외부에 맞서고 외부로부터 인정을 받을 수 있 는 '자립'의 길로 인도할 것이다.

끊임없이 안정을 찾으려고만 하고, 현재의 상황이 어찌되었 든 안주하려고만 하는 사람에게는 발전이 없다. 더 나은 생을 위 해 치열하게 고민하고 그래서 고독해질 것. 그 고독의 힘을 바탕 으로 거듭 외부와의 관계를 갱신하여 더 나은 관계를 형성하고, 그러는 과정에서 자신의 존재 가치를 환하게 드러내는 것. 그렇게 세상으로부터의 고립이 아닌, 이 세상 누구와 견주어도 늘 당당하게 자립할 수 있는 것. 이것이 바로 우리가 고독해져야 하는 이유다.

세상에서 가장 위대한 사랑

1日

당신의 우주 한구석이 썩어 곪아 터지고 있다면 그대로 방치해서는 안 된다. 불행은 전염성이 강하다. 싱싱한 귤이 가득 든 상자 안에 썩은 귤이 하나라도 섞이면 며칠 지나지 않아 모든 귤이 썩어 버린다. 불행이 조금씩 번지다 못해 인생 전체를 집어삼킬지 모를 일이다. 온전히 나를 사랑하고자 한다면 고개를 돌려서는 안 되고, 숨겨서도 안 된다. 있는 그대로를 직시하고 고쳐 나가야 한다.

사랑, 사랑은 강력한 주문呪文이다. 지금 사랑한다고 천천히, 진심을 담아 입 밖으로 발음해 보라. 별 느낌이 없는가? 그렇다면 눈을 감고 다시, 당신이 가장 사랑하는 대상(사람이든 사람이 아니든, 생명이든 생명이 아니든, 유형의 존재이든, 무형의 존재이든 상관없다)을 떠올리며 천천히, 사랑한다고 말해 보라. 조금은 감이 오는가? 사랑이 뭐 그렇게 별거라고 난리를 치느냐며 부정해도 상관없다. 당신은 아니더라도 인류 역사가 시작된 이래 성인聖人으로 칭송받아온 이들은 한결같이 사랑이 최고고, 그러니 서로 사랑하라고 목이 터져라 외쳤으니까.

그렇다면 사랑 중 가장 위대한 사랑은 무엇인가? 자녀를 향한 모성애나 부성애일까? 상대방과 헤어진다면 곧 이 세상도 끝장날 것같이 간절한 연애? 아니면 숭고한 박애주의? 모두 위대한 사랑은 맞다. 하지만 그중에서도 가장 위대한 사랑은 바로 '나' 자신을 향한 사랑이다.

나는 우주다. 내가 이 세상 그 자체이다. 끝을 알 수 없을 만큼

드넓다는 우주도 내가 있음으로써 존재한다. 나는 이 세상의 시작이자 끝이며, 내가 없으면 이 세상도 없다. 그렇기 때문에 나는 유일무이하고 가장 '위대한 존재'이다. 내가 우울하면 세상도 우울해지고, 내가 웃으면 세상도 웃는다. 내가 나를 파괴하면 세상도 파괴되고, 내가 나를 사랑하면 세상은 사랑으로 가득 찬다. 그러므로 가장 위대한 사랑은 나를 사랑하는 것이다.

자기 자신을 사랑하지 않는 사람은 없다. 그러나 나를 '오롯이' 사랑하기는 퍽 어려운 일이다. '그게 뭐가 어렵지?'라고 생각할지 모르지만, 당신은 사랑으로 충만한 사람이고, 스스로를 그토록 사랑함에도 왜 세상은 사랑으로 가득 차지 않는가? 이 세상 그 자체인 당신은 행복한데 왜 현실 곳곳에서는 여전히 불행하다고 아우성인가? 자신을 오롯이 사랑하고, 그래서 늘 행복한 사람은 또 얼마나 되는가?

지금 당신의 내면을 들여다보라. 그리고 지금까지 당신이 이루어 온 기억들을, 앞으로 만끽하고 싶은 미래들을 떠올려 보라. 그 '나'라는 세상 속은 우리가 몸담은 현실만큼이나 다양한 모습들이 존재한다. 거기에는 활력과 열정이 넘치는 대도시도 있고, 에메랄드 빛 바다가 드넓게 펼쳐진 휴양지도 있다. 열기 가득한 콘서트장에서 아무 생각 없이 음악에 몸을 맡기고 춤을 추는 사람들. 소쩍새 울음 경건하게 퍼지는 시골 밤의 고요와 평화. 화려한 오로라로 수놓인 극지의 하늘 아래에서 사랑하는 사람과 나누는 키스, 그 황홀한 광경까지! 행복을 향해 지금껏 걸어왔고, 행복을 향해 나아가는 당신의 우주는 그토록 즐겁고 생생하고 아름답고 낭만적이다. 그렇게 당신 안에는 사랑하지 않고는 못 배기는 천국이 존재한다.

하지만 당신이라는 세상 안에는 그러한 모습만이 전부인가? 혹시 탐욕을 채우고자 아무렇지 않게 타인을 짓밟는 야만인이나, 혼자만 잘살겠다고 관심과 애정이 필요한 이들의 간절한 손길을 뿌리치는 냉혈한이 보이지는 않는가? 끊이지 않는 아귀다툼으로 아수라장이 된 세상 속에서, 단지 삶이 힘들다는 이유로 함부로 몸과 마음을 굴리는 패배자들은 또 어떠한가? 폭력과 퇴폐가 난무하는 도시의 어두운 뒷골목에는 술과 약물 혹은 도박에 중독된 이들이 아무렇게나 널브러져 있을지 모른다. 정도에 차이는 있겠으나 고개를 돌려 버릴 수밖에 없을 만큼 참혹한 세상 또한 당신 우주의 일부이다.

그 '불행한 세상'은 당신이 목격했거나 경험한 과거의 한 조각일지 모른다. 혹은 현실을 그대로 반영했거나, 이제 막 문을 열면 펼쳐질 미래일지도 모른다. 무엇이 되었든 간에 당신은 그 세상을 애써 외면하려 할 것이다. 혹은 남들에게 들키지 않기 위해 은폐하려 할지 모른다. 과연 당신은 그 불행한 세상마저 진정으로 사랑한다고 자신할 수 있겠는가? 스스로를 온전히 사랑하기 힘든 이유는 바로 여기에 있다.

당신의 우주 한구석이 썩어 곪아 터지고 있다면 그대로 방치해서는 안 된다. 불행은 전염성이 강하다. 싱싱한 귤이 가득 든 상자 안에 썩은 귤이 하나라도 섞이면 며칠 지나지 않아 모든 귤이 썩어 버린다. 불행이 조금씩 번지다 못해 인생 전체를 집어삼킬지 모를 일이다. 온전히 나를 사랑하고자 한다면 고개를 돌려서는 안 되고, 숨겨서도 안 된다. 있는 그대로를 직시하고 고쳐 나가야 한다. 당신은 당신의 우주에 존재하는 유일한 통치자이자 가장 강력한 군주이지 않은가. 잘못된 것이 있다면 바로잡아야 한다. 불순한 생각이나 과도한 욕심들은 과감히 떨쳐내고, 당신의 발목을 잡고 있는 상처나 고통과는 당당히 맞서 싸워 딛고 일어서야 한다. 이는 오로지 당신만이 할 수 있는 일이다.

그렇다면 어떻게 해야 나라는 우주에서 불행을 몰아내고 완전히 나 자신을 사랑할 수 있을까? 무작정 나는 나를 사랑한다고 스스로에게 최면이라도 걸어야 할까? 바쁘고 힘겨운 일상 속에서 고독하고 불안하다 못해 고통스럽고 혼란스럽기까지 해서 내면을 들여다볼 상황이 아니라면? 혹은 그럴 여유가 있다 하더라도 자신을 사랑하는 방법을 아무도 가르쳐 주지 않는다면?

나를 온전히 사랑할 수 없는 상황이라면, 혹은 나를 완전히 사랑하는 방법을 잘 모르겠다면 시선을 외부, 즉 현실로 돌려 보는 건 어떨까. 내가 나를 사랑하면 세상도 사랑으로 가득 찬다고 했다. 반대로 생각하면 세상이 사랑으로 가득 차게 된다면, 당신은 스스로를 완전히 사랑하고 있는 상태라는 말도 된다. 즉 이 세상을 사랑으로 가득 채우려는 시도 또한 자기 자신을 완전히 사랑하기 위한 방법이라고 할 수 있다.

누군가는 이렇게 말할지 모른다. 자기 자신조차 사랑할 수 없는 지경인데, 어떻게 나를 힘들게 하는 이 세상을 사랑하겠느냐고 말이다. 그런 생각이 들었다면 이번 에피소드를 다시 처음부터 천천히 읽어 보자. 나는 이 세상 그 자체라고 말했다. 그런 면에서 이 세상은 거울과 같다. 거울을 통해 자신을 바라보는 것과 이 세상을 바라보는 것은 다르지 않다. 실체도 불분명한 내면을 들여다보며 스스로를 사랑할 방법을 어렵사리 궁리할 필요 없이, 눈앞에 보이고 만져지고 피부로 느낄 수 있는 이 세상을 애정 어린 시선으로 바라보는 것만으로도 충분한 것이다.

담장 밑에 흐드러지게 피어난 장미꽃을, 그 위로 날아든 벌과 나비를, 옆에서 늘어지게 기지개를 켜는 고양이를, 세상에서 가장 행복한 표정으로 미끄럼틀을 내려오는 아이들을, 그 순수한 미소를, 이 모든 풍경 너머로 저물어 가는 태양의 따사로움을 우리는 그저 사랑스럽게 바라보기만 하면 된다. 정성스레 저녁을 준비하는 어머니의 뒷모습을, 아장아장 나에게 달려오는 나의 아이를, 나의 머리를 살며시 넘겨주는 연인의 눈동자를, 말없이 술을 따라 주는 친구의 다정한 손길을 우리는 그저 사랑스럽게 바라보기만 하면 된다. 그렇게 일상의 모든 순간을 애정으로 가득 채워 간다면 나라는 세상 역시 사랑으로 가득 채워지지 않겠는가?

물론 일상이 그렇게 평화롭고 사랑스러운 순간들로만 가득한 것은 아니다. 삶을 살다 보면 나의 불행이든, 타인의 불행이든 반드시 불행한 장면들과 마주치게 된다. 문제는 그 불행한 장면에 얼마나 오래 시선을 두느냐이다. 그곳에 시선을 오래 두면 둘수록 우리의 내면 또한 불행한 세계로 들끓게 된다. 그렇다고 재빨리 고개를 돌리라는 말이 아니다. 당당하게 맞서고 현실의 불행을 '다행多幸'으로 만들기 위해 노력해야 한다. 나의 잘못을 빠르게 인정함과 동시에 개선하고, 아프고 힘없고 도움이 필요한 이들에게 늘 손을 내밀어 주는 것이다. 나에게 닥친 위기를 이겨 내어 이를 발판으로 더 큰 도약의 계기를 만들고, 위기에 빠진 타인을 불행의 수렁에서 건져 내야 한다. 그렇게 '내가 나여서 다행이다, 네가 있어서 다행이다'라는 최선의 결과를 이끌어 낸다면 불행은 영원히 나라는 세상에서 발을 붙이지 못할 것이다.

인간은 지극히 불완전하고 불안정한 존재다. 하지만 완전해지기 위해, 완전히 스스로를 사랑하기 위해, 완전히 이 세상을 사랑으로 채우기 위해 얼마든지 노력할 수 있다. 그것이 인간이 보유한 가장 위대한 능력이며, 어른스러운 인간으로서의 태도이자 품격이다.

합리와 진리

19

내가 찾아낸 진리와 당신이 찾아낸 진리는 당연히 다르겠지만. 그리고 모든 사람들의 진리는 다 다르겠지만 그 삶의 길이 진실하고 올바르기만 하다면 진리임은 분명하다. 어느 시대가 되었든 진실하고 올바르게 사는 사람들은 주변에서 인정과 존경을 받는다. 시대와 상황을 초월한. 어디에서든 밝게 빛나는 삶의 태도. 그래서 '진리'다.

가을이 깊어지는 10월 중순 밤이었다. 가볍게 술 한 잔 걸친 터에 가을비까지 부슬부슬 내려 퇴근길은 더욱 스산했다. 버스에서 내려 집으로 가는데 저 멀리 하얀 꽃들이 바람에 흔들리고 있었다. 날이 제법 추워졌음에도 화단을 가득 메운 꽃들을 보자, 텅 빈 가슴이 온기로 채워지는 것만 같았다. '늦가을에 이렇게 흐드러지게 피어나는 꽃이 뭘까?' 궁금해져서 나는 그쪽으로 발걸음을 돌렸다. 그리고 마침내 그 꽃들을 가까이서 마주하게 되었는데… 엥? 그건 꽃이 아니었다. 길거리에 널리고 널린 '쑥'이었다.

관리가 제대로 되지 않았는지 화단은 온통 쑥 천지였다. 자세히 보니 웃자란 쑥의 꼭대기에 있는 잎사귀들이 한두 장씩 비바람에 위로 뒤집혀 있었다. 나는 멀찍감치 떨어진 위치에서 대충 보고는 푸른색의 앞면에 비하여 훨씬 하얀 뒷면을 꽃이라고 생각한 것이다. 어두운 데다 술기운도 좀 올랐겠다, 착각할 수도 있었지만 무안한 마음이 들어 괜히 쑥을 픽 걷어찼다. 그러자 사마귀 한 마리가 폴짝 튀어나왔다. 나는 깜짝 놀라 뒤로 성큼 물러섰다. 별것도 아닌 쑥 때문에 가슴이 설렜다가 금방 실망하고, 역시 별것도 아닌 사마귀 때문에 깜짝 놀라고. 마음이 좀 진정되자 나도 모르게 헛웃음이 나왔다.

　들으면 왠지 기분 좋아지는 단어가 있다. 그중 하나가 바로 "이론이나 이치에 합당함"을 뜻하는 '합리合理'다. 당신이 어떤 사안에 대해 판단을 내리고, 행동으로 옮기고, 결과를 이끌어 냈을 때 누군가 "참으로 합리적인 결정이었다."라고 한다면 기분이 좋지 않겠는가. 인간은 매 순간 선택의 기로 앞에 선다. 그리고 그때그때의 판단에 따라 인생은 완전히 다른 방향으로 바뀐다. 만일 인생을 본인의 의지대로, 성공적으로 이끌고 싶다면 선택의 순간마다 최대한으로 합리적인 판단을 내려야 함은 당연한 일이다.

　합리는 단지 듣기에만 좋은 단어가 아니다. 실제로 '합리적 선택'은 철학, 경제학, 정치학 등 개인의 삶을 크게 좌지우지하는 학문 분야에서 주요하게 다루어진다. 삶이란 게 따지고 보면 그렇지 않은가? 가장 적은 수고를 들여 가장 큰 행복을 성취하는 것, 즉 효율성의 문제다. 국가든 기업이든 한 개인의 인생이든, 운영의 논리가 적용된다면 합리적 선택에 의한 효율의 극대화는 필수다.

　앞서 언급한 나의 경험은 일견 비합리적으로 보인다. 으슥한 시간이라 인적이 드물었기에 망정이지, 누군가 나의 그런 행동들

을 지켜봤다면 '멀쩡하게 생긴 사람이 왜 저러지?'라며 의아해하
거나 비웃었을지 모를 일이다. 엄밀하게 따져 봐도 나는 시간 낭
비를 했고, 실망하거나 놀라는 등 불쾌한 감정을 느껴야 했다. 비
합리적 선택이 초래한 결과의 정점을 찍은 사건은 며칠 후에 벌어
졌다. 나는 햇볕이 쨍쨍 내리쬐는 한낮에는 그 쑥대밭이 어떠한
모습일지 궁금하여 다시 그 화단을 찾았다. 그런데 이게 웬일인
가? 누군가 화단을 정리한 덕에 쑥이 한 포기도 남지 않고 사라져
있었다. 물론 사마귀도 온데간데없었다. 허탈, 그 자체. 나는 망연
자실하여 터덜터덜 집으로 돌아갈 수밖에 없었다. 또 한 번의 시
간 낭비와 허무한 감정의 경험이 추가된 것이다.

　나의 이런 선택과 행동들은 분명 비합리적이다. 그런데 비합
리적이라고 해서 잘못된 선택이었을까? 이제부터 조금 다른 시각
에서 나의 행동들을 분석해 보겠다. 그날 나는 그 순간, 그 장소에
서, 나만이 아니면 볼 수 없는, 이 세상에 존재하지 않는 꽃을 두
눈으로 똑똑히 목격했다. 그 꽃들은 내 마음에 온기를 남겼고 잠
시나마 나는 황홀했었다. 자기가 착각해 놓고 무슨 말도 안 되는
궤변을 늘어놓느냐 반문할지 모르지만 그 실체를 파악하기 전까
지 내가 본 것은 꽃이었다. 그 꽃을 보며 내가 즐거워했던 경험은
부정할 수도, 없어지지도 않는 명확한 '사실'이다. 평범한 들풀인
쑥이 단번에 마음을 사로잡을 만큼 아름다운 꽃으로 변하는 마법,

그 특별한 경험. 이는 인생에서 무척이나 작은 부분이지만 개인적으로는 분명 '유의미'한 사건이다.

합리적 선택에는 한계가 있다. 합리적 선택은 기존에 존재하는 이론이나 이치에 합당하게 맞추어 사고하고 행동하는 것이다. 그런데 합리적으로 행동했더라도 전혀 엉뚱한 결과가 나온다면? 만일 그 이론이나 이치가 아예 틀린 것이라면? 한발 더 나아가 사악한 결과를 이끌어 내는 것이라면 합리적 선택이 과연 올바르다고만 할 수 있을까? 오직 합리성을 따져 행동하고 효율성을 최대로 이끌어 냈으나 행여 그 과정에서 누군가 피해를 보기라도 한다면 올바른 행동이라고 할 수 있겠느냐는 말이다.

그런 사례는 주변에서 얼마든지 볼 수 있다. 수익 창출에 눈이 멀어 수많은 이들에게 피해를 입히는 기업들의 행태다. 교묘히 법망을 피해 돈을 긁어모으는 것도 모자라 서슴없이 불법을 저지르기도 한다. 분명 자기들 입장에서는 수익 창출의 극대화라는 목표 달성을 위해 합리적 선택을 했을 뿐이겠지만 그 피해는 고스란히 정직하고 선량한 소비자와 일부 직원들에게 돌아간다.

경제적 이익이 인생에 있어 가장 큰 관심사가 된 현대인 개개인에게도 이러한 논리는 동일하게 적용된다. 분명 부자가 되기 위해 최선을 다해 합리적 선택을 했을 뿐이지만, 주변에 종종 피해를 줄 때가 있다. 혹은 사회적 성공을 이루는 과정에서 타인과 함께 나아가려는 노력이 아닌, 타인을 짓밟고 그 머리 위로 올라서기 위해 노력하기도 한다. 아주 사소한 개인적 성취 때문에 보란 듯이 남들을 불편하게 만드는 사람들은 셀 수 없이 많다.

우리가 살아가는 세상은 '자유주의 시장경제' 사회다. 돈 없이는 살 수 없다. 돈이 많으면 많을수록 행복해진다. 한 푼이라도 더 많이 벌고 싶다고 모두가 생각하고 있으며, 그래서 경쟁은 당연히 치열하다. 눈앞에 보이는 모든 존재의 가치는 바로 돈으로 환산된다. 현대인에게 합리적 선택이란 대부분 경제관념에 기반을 둔 선택이 될 수밖에 없다. 그런 면에서 기업이든 개인이든 오로지 부를 쌓기 위해 판단하고 선택하는 행위를 비난하기는 힘들다. 하지만 그에 따르는 폐해는 분명 적지 않다. 아니, 적지 않은 수준이 아니라 너무 심각하다. 우리 사회를 위기로 몰아넣는 크고 작은 갈등들의 대부분은 바로 더 강력한 힘을 가진 세력의 합리적 선택에서 비롯된 경제적 불평등에 기인한다.

(기업들의 경우는 차치하고) 그렇다고 해서 철저히 경제관념에 따라 내리는 개개인의 합리적 선택에 대해 반대할 생각은 없으며, 어차피 막을 수도 없다. 하지만 너무 팍팍하지 않은가. 그리고 우리가

매 순간 내리는 합리적 선택이 최선의 판단에 의해서라고 자신 있게 말할 수 있는가. 거듭된 합리적 선택 끝에 과연 우리는 지금 진정으로 행복한가. 그렇게 숨 막힐 듯이 돌아가는 세상 속에서 행복해지기 위해서 좇아야만 할 '가치'가 과연 합리가 전부일까?

합리와 똑같이 '다스릴 리理'를 쓰지만 전혀 다른 뜻을 가진 단어가 하나 있다. 바로 '진리眞理'다. 합리적 선택은 보통 옳지만 그렇다고 해서 진리라고 할 수 없다. 합리는 기존에 존재하는 이론이나 이치에 들어맞음을 의미하지만 진리는 그 자체가 '변하지 않는 참된 이치 또는 참된 도리'다. 진리는 인류 역사의 시작과 함께 탄생했다. 어쩌면 인류 이전에, 그리고 한두 발자국이 아니라 까마득히 시계를 앞으로 돌려 우주의 시작과 함께 탄생했을지도 모른다. 그렇게 탄생한 진리는 지금껏 변함이 없다. 흔히들 만고불변의 진리라고 하지 않는가. 그래서 진리는 태초 모습 그대로의, 순수 그 자체, 순수의 결정판이다.

합리를 좇는 것은 상관없다. 대신 합리의 한계성을 극복하려는 노력이 동반되어야 한다. 지나치게 합리를 따르는 나머지 타인에게 피해를 주거나 자기 자신의 삶을 망칠 수 있기 때문이다. 그렇다면 어떻게 해야 할까? 자신의 이익은 최대한으로 줄이고 남들에게 다 퍼 주라는 말인가? 그건 아니다. 호구 잡히고서 기분

좋을 사람이 누가 있겠는가? 특히 요즘같이 틈만 나면 타인을 이용해 먹으려는 사람이 득시글거리는 세상에서는 더욱 안 될 말이다. 아마도 여러 가지 방법이 있겠지만, 나는 합리를 좇음과 동시에 진리도 추구하라고 권하고 싶다. 여기서 문제. 그렇다면 진리는 과연 무엇인가? 솔직히, 나도 진리가 뭔지는 잘 모른다.

'이렇게 무책임할 수가! 진리를 좇으라고 하고서는 진리가 무엇인지 자기도 모르겠다니! 사기꾼도 그렇게는 말하지 않겠다!'라고 생각할지 모르지만 어쩔 수 없다. 모르는 걸 안다고 하면 진짜 사기꾼이지 않은가. 온갖 철학서를 뒤적여 봐도 결과는 마찬가지다. 다들 진리에 대해, 열과 성을 다해 설명하고 있지만 아무도 진리가 무엇인지 확신을 주지 못한다. 그러면 명쾌한 답도 없고 실체마저 불명확한 진리를 어떻게 따라야 할까?

진리의 진은 '참 진眞'이므로 진리는 '참된' 이치나 '참된' 도리를 말한다. 진리가 무엇인지 알려면 여기서 핵심이 되는 '참되다'라는 단어에 주목해 보자. '참되다'는 '진실하고 올바름'을 의미한다. 한 명의 인간으로서 '진실하고 올바른 삶의 길'을 추구하는 것. 이야말로 진리에 한발 더 다가서는 유일한 길이며, 개인적으로는 이러한 행위 자체가 진리라고 믿는다. 내가 찾아낸 진리와 당신이 찾아낸 진리는 당연히 다르겠지만, 그리고 모든 사람들의 진리는

다 다르겠지만 그 삶의 길이 진실하고 올바르기만 하다면 진리임은 분명하다. 어느 시대가 되었든 진실하고 올바르게 사는 사람들은 주변에서 인정과 존경을 받는다. 시대와 상황을 초월한, 어디에서든 밝게 빛나는 삶의 태도. 그래서 '진리'다.

다시 나의 비합리적 경험담으로 돌아가 보자. 나는 쑥대밭 사건에서 몇 차례 '의심'을 했다. 늦가을에 피어나는 꽃에는 어떤 게 있는지, 왜 쑥을 꽃으로 착각했는지, 밤이 아닌 낮에 보면 그 화단이 어떤 모습일지 의심을 하고 '진실'이 무엇인지 밝혀내기 위해 행동을 취했다. 그날 나는 그 화단을 그냥 지나칠 수도 있었다. 하지만 잠깐의 착각으로 인해 솟아난 호기심이 의구심으로 이어졌고 '해프닝'이 벌어졌다. 일부러 시간을 내어 발품을 파는 수고까지 했지만, 결국 나의 발걸음은 한낮의 쑥대밭이라는 진실까지는 닿지 못했다.

물론 아쉬움과 허무함이 남았으나 그게 전부는 아니었다. 말끔히 정리된 화단을 보고 있자니 내가 쑥을 걷어차는 바람에 튀어나왔던 사마귀의 안부(?)가 궁금해졌다. 미물 주제에 나를 깜짝 놀라게 한, 괘씸한 놈이지만 곧 겨울이 다가오는데 터전을 잃고 어디서 무얼 하나 걱정이 되었다. 겨울 걱정이 비단 사마귀 같은 곤충들만의 몫은 아닐 터. 집으로 돌아가는 길에 마주친, 칼바람에

잔뜩 움츠리고 바삐 걷는 사람들 중 누군가는 사마귀와 별반 처지가 다르지 않으리란 생각도 들었다. 길에서 사과와 배 몇 개를 덩그러니 꺼내 놓고 파는 할머니는 그래서 더욱 서글퍼 보였다. 우리 모두 원하는 바를 이루고 행복한 삶을 살면 좋을 테지만, 세상은 이를 허락하지 않는다. 그래도 견디고 이겨내고 앞으로 나아가야만 하는 것. 이것이 인생이라는 생각. 이럴 때일수록 더 어깨 펴고 당당히 걸어야겠다는 다짐과 함께 집으로 향했다.

남들이 보기엔 보잘것없을 나의 비합리적 행동들은, 진리를 찾아가는 과정이었다고 감히 말하고 싶다. 쑥대밭 사건은 아쉬움과 허무함만이 아닌 '사마귀를 향한 측은지심, 괜한 행동에 대한 후회, 시린 겨울을 반드시 이겨내겠다는 각오'라는 선물도 안겨 주었기 때문이다. 진리가 무엇인지 나는 모른다. 하지만 '나의 행복 때문에 타인의 불행을 바라서는 안 되며, 비록 무척 어려울지라도 우리 모두가 함께 행복해지는 방법이 무엇인지 고민하고 행동하는 것'이 경제적 이익만을 따지며 매번 합리적으로 행동하는 것보다는 훨씬 어른스러운 행동이라는 사실은 알고 있다. 그리고 이것이 나의 진리이며, 아직 한참 부족하지만 내가 살고자 하는 삶의 모습이다.

현대사회의 모든 선택은 합리적 선택이어야 한다. 하지만 나의 합리적 선택 때문에 누군가 피해를 입어서는 안 된다. 그리고 나 역시 타인의 합리적 선택 때문에 피해를 입어서는 안 된다. 누군가는 그것이 세상살이의 이치니까 당연하게 받아들이라고 말한다. 당연한 이치? 당연한 건 없다. 모두 함께 행복해질 수 있는 더 좋은 방법이 있을지 없을지 어떻게 장담한다는 말인가. 이는 그저 자신의 합리적 선택에 정당성을 부여하려는 시도일 뿐이다.

합리성 한계를 극복하려면 늘 의심해야 한다. 지금 나의 선택보다 더 좋은 방법은 없는지, 나에게 좋은 결과를 가져옴과 동시에 타인에게 피해를 주지 않는 것인지를 끊임없이 살펴야 한다. 그렇게 '진실한' 마음으로, 모든 합리적 선택을 '올바른' 방향으로 이끌어 가려는 노력과 시도. 이것이 합리적 선택을 최우선의 가치로 여기는 현대사회에서, 진리로 다가서는 길이다.

그날 집에 돌아오자마자 나는 왠지 쑥떡이 먹고 싶어져 어머니께 전화를 걸었다. 가게에서 파는 상품을 사다 먹으면 그만이지만 어머니가 만들어 주신 쑥떡이 아니면 안 될 것 같았다. 사정을 얘기하자 어머니는 "쑥떡은 무슨 쑥떡이야. 이 겨울에 어디서 쑥을 구해?"라며 황당해하셨다. 하지만 나는 알고 있었다. 어머니께서는 이른 봄이면 여린 쑥을 한 바구니 뜯어 와 잘 손질하여 냉동실에 넣어 두신다는 사실을. 언제라도 자식들이 좋아하는 쑥떡을, 말만 나오면 바로 만들 수 있게 준비하신다는 사실을. 오랜만에 어머니가 만들어 주신 쑥떡은 여전히 맛있었다. 그리고 왠지 전과는 다르게 쑥의 향기가 더욱 진하게 느껴졌다. 이렇게 맛있는 음식을 만들어 주시는 어머니만이 아니라, 이제는 흔하디흔한 들풀인 쑥에게도 감사한 마음이 든다. 비록 짧은 순간이지만 작은 깨달음과 행복을 느끼기에는 충분한 시간. 삶의 진리란 어쩌면 생각보다 가까운 곳에 있을 수도 있다.

우리는 모두 반드시 리더가 된다

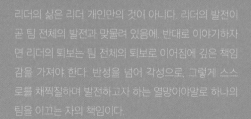

리더의 삶은 리더 개인만의 것이 아니다. 리더의 발전이 곧 팀 전체의 발전과 맞물려 있음에. 반대로 이야기하자면 리더의 퇴보는 팀 전체의 퇴보로 이어짐에 깊은 책임감을 가져야 한다. 반성을 넘어 각성으로, 그렇게 스스로를 채찍질하며 발전하고자 하는 열망이야말로 하나의 팀을 이끄는 자의 책임이다.

20

여러분은 학창 시절 반장이나 부반장 같은 학급임원을 해 본 경험이 있는가? 자랑은 아니지만[?] 나는 몇 번 해 봤다. 대학에 다닐 때는 과 대표도 했었다. 회사에 들어가서는 말단 직원으로 시작하여 담당부서를 이끄는 자리까지도 올랐다. 나의 의도나 그 위치에 오르는 과정, 자리의 무게감이야 어찌 되었든 리더의 역할을 경험한 것이다. 그렇다면 누군가 그런 경험이 당신의 삶에 도움이 되었는가 묻는다면? 도움이 되진 않았다고 할 수는 없지만, 리더가 되지 않아도 사는 데 큰 문제는 없었을 거라고 생각한다.

나에게만 적용되는 문제는 아니다. 리더가 되지 않는다고 해도 인생은 잘만 굴러간다. 솔직히 누군가를 이끄는 자리에 있으면 골치만 아프다. 자신의 몸과 마음도 생각대로 따라 주지 않는 판국에, 타인을 자신의 의지대로 이끌기란 여간 어려운 일이 아니다. 굳이 리더가 되지 않더라도 잘 먹고 잘 살 수 있다면 그것으로도 충분하다.

그런데 리더가 되지 않더라도 사람들은 리드해야 할 순간과 반드시 직면하게 된다. 가장 쉬운 예로 연애를 들 수 있다. 죽고 못 살 것 같은 연애라 하더라도 상대방을 리드하고자 하는 심리는 저절로 생긴다. 특히 요즘 같은 세상에 무조건적으로 양보만 하는 사람이 어디 있겠는가. 상대가 리드해 주기를 바라는 사람들도 있지만, 이마저도 '자신이 원하는 대로' 리드해 주기를 바라는 마음에서 비롯된다. 이 역시 결국은 넓은 범주에서 보면 리드라 할 수 있다.

사회에 진출하면 리드는 당연한 일이 된다. 〈'들어주다'의 세 가지 의미 1 – 거절의 기술〉에서 "지금 자신이 어느 위치, 어느 상황에 있든 '주체主體'가 되고자 노력하고 어떻게 주도권을 쥘 것인지 고민해야 한다."라고 강조한 바 있다. 이 세상의 모든 관계에 공평함이란 존재하지 않는다. 같은 선상에 있는 동료 사이라 할지라도 분명 어느 한쪽으로 주도권이 기울어지기 마련이며, 상하 관계가 명확한 직장 내에서는 두말할 필요도 없다. 타인과의 관계만이 아니다. 일과의 싸움, 시시각각 다가오는 역경과의 싸움, 정상적인 삶을 방해하는 유혹물과의 싸움 등 '나 자신과의 싸움'에서도 주도권을 쥐지 못한다면 말 그대로 질질 끌려다니는 인생이 된다. 성공적인 사회생활을 떠나 그저 행복한 삶을 위해서라도 우리는 리드하는 법을 배워야 하고 스스로 리더가 되어야 한다.

사실 사회생활을 하다 보면 리더가 되지 않을 수 없다. 경력이 쌓이면 쌓일수록 저절로 조금이라도 더 높은 자리에 오르게 되고 상사가 되어 부하 직원들을 이끌게 된다. 아랫사람이 단 한 명이라도 상관없다. 그 순간부터 당신은 좋든 싫든 리더다. 요즘은 직원 없이 혼자 사업을 운영하는 1인 사업가도 무척 많다. 자기 밑에 직원이 없으니 굳이 리더십을 배울 필요는 없지 않을까 생각할지 모르지만, 그럴수록 리더의 자질을 갖춰야 한다. 거래처와의 관계, 고객과의 관계에서 주도권을 쥐지 못하면 그 사업이 잘될 리가 있겠는가? 수많은 변수가 존재하는 사업을 제대로 '이끌려면' 당연히 리더가 되어야 하지 않을까? '나도 사업이나 한번 해볼까?' 정도의 어정쩡한 계획으로 1인 사업에 뛰어들었다가는 백이면 아흔아홉도 아니고 백 전부 망한다. 직원 하나 없는 1인 사업가라도 사고와 행동만큼은 수백, 수천의 직원을 거느린 것처럼 강력한 리더십을 발휘할 줄 알아야 한다. 그럴 자신이 없으면 그냥 조용히 회사나 다니는 게 낫다.

어차피 리더가 되어야 한다면, 기왕이면 좋은 리더가 되어야 한다. 그렇다면 어떤 리더가 좋은 리더일까? 요즘처럼 하루하루가 다르게 급변하는 시대 속에서는 하는 일 따라, 그때그때 상황에 따라 좋은 리더의 기준 또한 유동적이다. 그래도 자세히 살펴보면 좋은 리더들에게서는 몇 가지 공통점을 발견할 수 있다. 그 특징들을 7가지로 나누어 살펴보자.

첫 번째, 리더는 능력으로 보여준다.

프로의 세계에는 나이가 없다. 나이가 적든 많든 능력이 있어야 인정을 받는다. 예전에는 연차가 쌓임에 따라 직급이 높아지면 저절로 리더가 되곤 했다. 요즘은 그런 세상이 아니다. 나이가 적어도 능력만 있으면 얼마든지 중용된다. 본격적인 얘기에 앞서 대표 사례를 소개한다.

미국 4대 스포츠이자 세계적으로도 인기가 높은 MLB(Major League Baseball, 이하 메이저리그)의 역사에서 21세기를 대표하는 인물은 누구일까? 메이저리그를 즐기는 사람이라면 아마도 수많은 선수들의 얼굴이 떠오르겠지만 예상과 다르게 선수가 아니다. 그는 현재 시카고 컵스Chicago Cubs의 사장으로 재직 중인 테오 엡스타인Theo Epstein이다.

메이저리그는 그 유구한 역사만큼이나 다양한 이야깃거리가 존재하는 곳이다. 특히 오랫동안 우승을 못한 팀들에게는 '○○의 저주'라는 오명이 따라붙기도 한다. 대표적인 저주가 몇 가지 있는데 그중 2가지가 21세기에 깨진다. 바로 보스턴 레드삭스Boston Red Sox의 '밤비노의 저주'와 시카고 컵스의 '염소의 저주'다. 밤비노의 저주는 86년 만인 2004년에, 염소의 저주는 108년 만인 2016년에 깨지는데 이를 주도한 인물이 테오 엡스타인이다. 인기에서는 둘

째가라면 서러울 두 팀의 정말 저주와도 같은 저주를 단장 혹은 사장으로서 팀을 이끌며 끝냈으니 테오 엡스타인이 21세기 메이저리그를 대표하는 게 당연해 보인다. 실제로 그는 미국 경제 전문지 〈포춘Fortune〉에서 선정한 '2017년 가장 위대한 지도자 50인'에서 아마존Amazon의 제프 베조스Jeffrey Bezos 회장, 프란치스코Francis 교황 등 쟁쟁한 인물들을 제치고 1위에 올랐다.

야구에 별로 관심이 없는 사람이라면 '대체 얼마나 실력이 뛰어난 거물이기에 그런 업적을 쌓았을까?' 궁금할 것이다. 그런데 실상을 알고 보면 더욱 충격적이다. 테오 사장은 2019년 현재 만으로 45살밖에 되지 않았다. 그가 레드삭스의 단장에 올랐을 때는 고작 28살이었다. 지금도 마찬가지이겠지만 당시로서는 무척이나 파격적인 행보였다. 물론 구단주의 선택이었다고는 해도 다른 단장들에 비해 경력이 보잘것없었던 풋내기가 메이저리그 최고 인기 팀의 리더가 된 것이다. 처음 단장이 되었을 때 많은 이들이 나이와 경력을 들먹이며 의심의 눈초리를 보냈지만 그는 오직 실력 하나로 모든 우려와 논란을 단번에 잠재웠고 보스턴 팬들의 간절한 염원을 2004년 우승으로 풀어냈다. 2007년 한 번 더 팀을 우승시킨 테오는 가장 오랜 저주의 역사를 자랑하는(?), 그리고 레드삭스만큼이나 광적인 팬들이 존재하는, 그래서 더욱 부담스러운 시카고 컵스의 사장 자리에 오른다. 앞서 언급했다시피 108년 만에 염소의 저주마저 깸으로써 그는 메이저리그만이 아니라 전 세계에서 인정받는 리더가 되었다.

좋은 리더의 자질에는 여러 가지가 있겠지만 가장 중요한 것은 역시 역량이다. 테오 엡스타인은 이름값이 아닌, 오직 실력만 따져 선수단을 구성했고 선수 개개인의 잠재력을 최대치를 끌어냈다. 구태에서 벗어나 혁신을 거듭했고 과감한 결단력도 돋보였다. 소통을 바탕으로 조직을 똘똘 뭉치게 만드는 기술 또한 탁월했다. 이립而立이 채 안 된 젊은이였지만 리더가 되기에는 충분했던 것이다.

프로의 세계에서는 베테랑이라고 해서 특별하게 대우하지 않는다. 실력이 부족하면 내일이라도 당장 짐을 싸야 한다. 하물며 리더의 자리에 있다고 하면 더 말할 필요도 없지 않은가. 반대로 생각해서 만일 당신이 따르는 리더가 아마추어 티를 벗지 못한 사람이라면? 아무리 봐도 실력이 부족해 보이는 사람을 따르고 싶을까? 말만 번드르르하고 행동은 전혀 그에 미치지 못하는 리더에게 배울 점이 있을까? 특히 우리나라처럼 연차를 심하게 따지는 사회에서는 그런 점 때문에라도 더욱 실력을 갖춰야 한다. 우리나라에서는 자신의 실력이 부족할 경우 그 자체로 욕을 먹을 뿐만 아니라, 나이가 적으면 나이가 적어서 못한다고 한 번 더 욕을 먹고 나이가 많으면 실력도 없이 나이만 많이 먹었다고 한 번 더 욕을 먹는다. 하지만 실력이 출중하다면 "나이가 적음에도 불구하고 능수능란하게 잘한다." 혹은 "나이가 많아도 매너리즘에 빠지지 않고 젊은이들을 압도한다."라고 더욱 인정받을 수 있다는 이야기도 된다.

우리가 테오 엡스타인이 될 일은 없다. 아마 이 책을 읽고 있는 사람들 중에서도 그 정도로 책임이 큰 자리에 있는 사람은 거의 없을 것이다. 하지만 평범히 회사에 다니고 있더라도, 자기 밑에 단 한 명의 직원이라도 있다면 적어도 그 직원보다는 '더 많이 알고 잘해야' 한다. 그리고 '말보다는 행동으로 먼저 보여주고 말한 것만큼은 꼭 지킬 수 있어야' 한다. 이것이 일상적인 사회생활을 하면서도 리더로서 갖춰야 할 첫 번째 조건, 실력이다.

두 번째, 리더는 화를 내지 않는다.

말도 안 된다 생각할지 모르지만 리더는, 특히 요즘 시대의 리더라면 화를 내지 말아야 한다. 예전에는 좋은 리더라고 하면 보통 탁월한 카리스마를 발휘하여 팀을 장악하는 사람을 떠올리곤 했다. 그래서 실력만 좋으면 리더가 팀원들에게 불같이 화를 내도 어쩔 수 없다는 식으로 받아들이곤 했다. 하지만 세상이 변했다. 그건 20세기에나 통용되는 이야기다. 요즘 세상에 누가 그런 대우를 받고 가만히 참고 있겠는가. 또한 화가 난다고 그때마다 마음 내키는 대로 화를 내는 사람은 리더의 자질 문제를 떠나 그냥 인간성을 의심해 봐야 한다.

근래 들어 '화'는 사회적 이슈로 떠올랐다. 일명 '분노조절장애'

다. 화가 나는 상황에서 참지 못하고 필요 이상으로 폭발하는 사람들이 늘고 있을 뿐만 아니라 이따금 심각한 사건 사고로 이어지기도 한다. 웃긴 점은 분노조절장애가 있는 사람들이 자기보다 세 보이는 사람 앞에서는 분노조절'잘해'로 바뀐다는 것이다. 약자한테는 강하고, 강자한테는 약한 사람들. 인터넷 커뮤니티에서는 이런 사람들의 성향을 강약약강強弱弱强이라 일컫는다. '분노조절잘해' 또한 인터넷에서 유행하는 신조어로 강약약강을 비꼬는 말이다.

강약약강 타입의 사람들은 어디에나 있지만, 리더 위치에 있는 사람들 중에서는 더 쉽게 찾아볼 수 있다. 리더이면서 구성원들에게 강약약강의 태도를 보이는 것만큼 '꼴불견'스러운 행태도 없다. 군이 화를 내지 않아도 얼마든 침착하게 지휘하고 지도하고 질책할 수 있으면서도 단지 나는 리더니까, 힘이 있으니까 등등의 이유로 화를 내는 사람들이 있다.

리더의 화를 돋우는 상황은 얼마 안 된다. 구성원이 무언가 잘못을 저질렀거나, 계획에 따라 실행했음에도 성과가 만족스럽지 않거나 정도다(그 외의 상황에서도 걸핏하면 괜스레 성질을 부리는 리더가 있다면 이 역시 인간성을 의심해 봐야 한다). 그 무엇이 되었든 조직 자체에 문제가 생기거나 지속적으로 불만족스러운 성과가 나온다고 하면 누구의 잘못인가? 일개 팀원의 잘못이 큰가, 팀을 통솔하는 리더의 잘못이 큰가?

리더는 실력이 우선이라고 했다. 그 실력에는 장악력도 포함된다. 리더가 팀원 개개인의 능력을 파악하지 못한다면, 팀의 일거수일투족을 파악하지 못한다면 '게으른' 탓이다. 문제의 잦은 발생과 기대에 못 미치는 성과는 리더의 역량 부족이 그 첫 번째 원인이다. 그러한 상황에서 먼저 문제가 발생한 원인을 파악하고 이를 해결하려는 노력은 뒷전으로 미루고 구성원들을 다그치기만 한다면 스스로 자질이 부족함을 인정한 꼴이라 할 수 있다.

리더이기에, 그래서 더 화를 내면 안 되는 이유가 하나 더 있다. 희로애락喜怒哀樂 중 드러내면 드러낼수록 주변에 가장 큰 여파를 미치는 감정은 무엇일까? 바로 성낼 로怒, 분노다. 기쁨은 나눌수록 커지고, 슬픔은 나눌수록 줄어드는 긍정의 효과가 있지만 분노는 나눌수록 쓸모가 없다. 손찌검만 없을 뿐 그저 감정적인 '폭력'일 뿐이다.

물론 팀을 이끌다 보면 화가 안 날 수가 없다. 성격상 화가 많은 사람도 있지만, 리더로서 더욱 사명을 가지고 업무에 임하다가 자신도 모르게 화를 폭발시키는 경우도 있다. 무엇이 되었든 그 화를 있는 그대로 받아들이는 입장에서는 무척 괴로운 일이다. 누군가는 반작용으로 똑같이 화를 내기도 하고, 누군가는 겁에 질리거나 우울해할 것이다.

리더는 누구보다 침착하고 냉철해야 한다. 문제가 생기면 질책부터 하는 게 아니라 해결할 생각부터 해야 한다. 구성원이 명확히 잘못을 저질렀다면 둘만이 있는 자리에서 존중심을 바탕으로 명확히 문제점을 짚어 주고 다시 문제를 일으키지 않겠다는 약속을 받아내는 정도로 충분하다. 어디에서나 존경을 받는 리더는 늘 상대방을 향한 존중을 잊지 않는, 강약약강이 아닌 '외유내강外柔內剛'의 리더다.

세 번째, 리더는 앞장서지 않고 뒤따른다.

흔히들 (전통적 의미의) 리더라 하면 강력히 통솔력으로 팀을 리드하는 사람을 떠올리지만 최근 각광받는 리더십은 매니지먼트 management에 더 가깝다. 예전에야 리더의 능력이 특출하면 팀원들은 리더의 손발 역할만 하면 충분했다. 리더의 의지가 곧 조직의 미래였고, 리더의 지휘 아래 조직은 일사천리로 움직였으며, 리더의 역량에 따라 성과가 결정되었다. 하지만 경쟁이 그 어느때보다 치열한 21세기에서는 시장을 선도하고 최대의 성과를 내기 위해서는 창의적 아이디어의 발굴과 고급 정보의 수급이 필수적이다. 이는 개인의 힘으로는 거의 불가능하다. 창의적 아이디어란 당연히 한 사람의 머리가 아닌, 다수가 머리를 맞대고 골몰할 때 최선의 결과가 나온다. 나날이 급변하는 시대, 수많은 정보가 넘쳐나는 상황 속에서는 어떤 일을 하든지 정보망의 구축이 요구된다. 이 역시 혼자의 힘으로 해결하기에는 역부족이다(단순히 따져 봐도 리더 혼자 종일 인터넷을 뒤지고, 포럼에 참석하고, 도서관에 들락거릴 수는 없는 노릇이지 않은가).

치열한 경쟁 시대에는 효율이 곧 성과와 직결된다. 그러므로 리더는 더 이상 자기 능력만으로 팀을 짊어져서는 안 된다. 양질의 인력을 적재적소에 배치하고, 철저한 분업과 적절한 협업을 조직 내에 조화시키고, 구성원 개개인의 잠재력을 외부로 끌어내고, 소통을 바탕으로 조직력을 강화해야 한다. 즉 '업무 효율의 극대화'를 꾀하기 위해 '팀 전반의 역량을 끌어올리는 매니지먼트'에 집중해야 한다.

그렇다면 매니지먼트의 핵심은 무엇인가? 강력한 리더십이 요구되던 시기에 리더는 조직을 완전히 '장악'하고 구성원들을 '조련'하는 데 매진하는 편이었다. 하지만 매니지먼트는 다르다. 장악보다는 '파악'(파악도 장악처럼 '손으로 잡아 쥠'이란 의미가 있지만 여기서는 '어떤 대상의 내용이나 본질을 확실하게 이해하여 앎'이라는 의미)', 그리고 구성원들의 조련이 아닌 관계의 '조율'에 중점을 두어야 한다. 그 까닭을 노자老子의『도덕경道德經』에서 한 구절을 빌려 답하자면 다음과 같다. "최고의 리더 밑에서는 구성원들이 리더가 있다는 사실만을 안다太上 下知有之."

구성원들이 개개인의 역량을 최대한 발휘하기 위해서는 '아무런 부담감 없이, 가장 편안한 상태에서, 자신이 최고로 잘하는 일'을 해야 한다(물론 너무 편한 환경에서는 나태해지거나 동기 부여 부족으로 의지나 목표를 상실할 수 있지만 이에 관한 해결책은 바로 이어질 좋은 리더의 네 번째 특징에서 다룬다). 이것이 곧 업무의 효율성으로 이어지고, 효율성이 높아질수록 성과 또한 더욱 커진다. 흔히 리더라 하면 그 이름값에 적절한 존재감이 있어야 한다고 생각하지만 리더의 존재감이 크면 클수록 구성원들에게는 부담감으로 다가올 뿐이다. 내부 사정을 속속들이 파악하기만 하면 되지 아랫사람들의 일상 전반을 장악하고 좌지우지한다면 맘 편히 일할 사람이 누가 있겠는가. 리더는 자신의 존재감은 최대한 지우고 보이지 않는 곳에서 '조율'의 능력만 발휘하면 된다. 인재 양성, 업무 효율 증진, 분업과 협업의 조화, 조직력 강화는 이 책에서 거듭거듭 강조해 온 '관계'와 관련이 깊다. 사람과 사람 사이, 일과 사람 사이의 관계를 조율하여 최적의 업무 환경을 만드는 것만으로 리더의 역할은 충분하다.

판 전체를 들여다보려면 바짝 다가서는 것이 아니라 한 발짝 물러서야 한다. 선두에 서서 자신의 목표를 향해 앞만 보며 나아가다가는 실제로 뒤에서, 즉 팀 내부에서 무슨 일이 벌어지는지를 놓치게 될 수도 있다. 또한 개인의 힘으로는 최선의 결과를 이끌어내기 어려운 시대라면 리더가 서야 할 곳이 과연 어디인가를 고민할 필요가 있다. 전반적인 파악과 섬세한 조율을 통해 팀 전체의 역량을 최대한 끌어올리려면 맨 앞이 아닌, 맨 뒤에 서야 한다. 그리고 자신은 보이지 않는 곳에서 팀을 뒤따르며 '목표점이 얼마나 남았는지, 선두가 올바른 방향으로 가고 있는지, 대열이 흐트러지지는 않았는지, 낙오자는 없는지, 숨어 있거나 따라오는 위험 요소는 없는지' 등을 파악해야 한다. 이것이 본인만이 아닌 팀 전체의 이익을 생각하는 리더, 그래서 더 큰 성과를 낼 수 있는 리더의 모습이다.

누군가는 리더가 뒤따르기만 하면 직무유기가 아니냐고 할지 모른다. 앞에 서서 이거 해라 저거 해라 구성원들을 다그치며 자신의 목표만 좇는 것은 어렵지 않다. 하지만 묵묵히 지켜보며 모든 일이 순조롭게 돌아가게 만들고 동시에 공동의 이익을 도모하는 것은 비교가 안 될 정도로 훨씬 어렵다. 리더가 유난히 바쁘고 매번 목소리를 높이는 것은 조직이 어딘가 잘못 돌아가고 있음을 시사한다. 최고의 조직은 리더가 언제든지 자리를 비워도 알아서 잘 돌아간다는 사실을 잊지 말아야 한다.

네 번째, 리더는 문제가 생겼을 때에야 선두에 나선다.

리더는 맨 뒤에 서야 한다고 했지만, 때때로 적극적으로 앞장서야 할 때도 있다. 바로 문제가 발생했을 때다. 이 순간만큼은 리더가 분명하게 '존재감'을 드러내야 한다.

모든 문제에는 반드시 원인이 있다. 그리고 누군가는 그에 따른 책임을 져야 한다. 물론 리더가 문제 발생의 당사자라면 당연히 알아서 수습해야 한다(자기가 잘못을 저지르고도 책임을 회피하려는 리더는 아예 리더 자격이 없으므로 언급할 가치도 없다). 그렇다면 아랫사람이 문제의 발단이라면? 그럴 경우 당신이 리더라면 어떻게 처신할 것인가?

　보통 문제가 드러나는 경우는 눈 가리고 아웅하기에는 숨기기 힘들 만큼 피해가 커진 이후가 대부분이다. 얼마든지 사전에 피해를 줄일 수 있었음에도 심각성을 깨닫지 못하거나, 혹은 인식하더라도 수습이 가능하리라고 자만하거나, 아니면 아예 은폐하려 들기 때문에 문제는 커지곤 한다. 회사생활을 하다 보면 적지 않은 직장인들이 문제에 직면하면 이런 식으로 대처를 하다가 곤경을 겪는다. 왜 이런 일이 반복되는가? 실력이 부족해서일까? 아니면 개인의 인격 문제일까? 물론 다양한 원인이 있겠지만 문제를 일으킨 사람이 있는 그대로 보고하지 않는다고 해서 무조건적으로 비난하기는 힘들다. 곰곰이 생각해 보자. 잘못을 저질렀을 때 불안하지 않을 사람이 어디 있겠는가? 자신 때문에 몸담은 조직이 피해를 입었는데 두렵지 않을 사람이 있을까? 우리는 어릴 때부터 잘못을 하면 솔직히 말하고 용서를 구하라고 배우지만 쉽지 않은 일이다. 피해 수습도 골칫거리이거니와 자신에게 돌아올 비난의 화살, 특히 윗사람에게 받을 책망을 떠올리면 암담하기 때문이다. 어떤 리더들은 실제로 구성원에 의해 피해가 발생하면 모질게 질책을 한다. 그 과정에서 대놓고 드러내든 속으로 생각하든 문제를 일으킨 당사자의 실력이나 인성이 부족함을 탓한다. 하지만 자신의 가르침이 문제라고는 생각하지 못한다. 구성원이 문제를 일으켰다면 당연히 리더에게도 책임이 있다는 이야기다.

그와는 별개로 문제가 발생했을 때 원인을 제공한 사람을 질책하는 것이 우선인가, 신속히 문제를 해결하고 피해를 최소화하는 것이 우선인가. 당연히 문제 해결이 먼저다. 그리고 문제를 최대한 신속히 해결할 수 있는 사람은 팀원들이 아닌, 리더 자신이다. 문제가 발생했을 때 리더가 전면에 나서야 하는 이유가 여기에 있다.

그렇게 수습을 완료한 후에는 그 원인을 파악하고, 구성원 중한 사람 때문에 문제가 발생했다면 남들이 볼 수 없는 곳에서 문제의 원인을 제공한 당사자와 면담을 진행한다. 왜 그렇게 일이 처리되었는지를 물은 후 재발 방지의 약속을 받고, 질책보다는 다음에는 더 잘하라는 격려를 보내는 것이 리더다운 면모다. 이후 전체 미팅을 통해 이번 일이 발생한 원인과 과정에 대해 브리핑을 하며 전반적으로 가볍게 긴장감을 주는 것도 문제 예방에 도움이 된다. 주의할 점은 미팅의 분위기가 일벌백계一罰百戒가 되어서는 안 된다는 사실이다. 오히려 리더로서 문제 발생을 예상하지 못하고 더 세세히 살피지 못했다는 책임을 먼저 인정하여 책임감 있는 모습을 보이는 것이 구성원들로부터 신뢰를 얻는 길이다. 이후 자신부터 더 잘할 테니 여러분들도 책임감을 가지고 열심히 업무에 매진해 주었으면 한다는 의견을 전하는 게 올바른 순서다. 이렇게 분위기를 이끌어 간다면 구성원이 문제를 일으켜도 숨기기보다는 신속히 보고를 하고 해결이 한결 수월해질 수 있다. 두려움에 떨면서 일하기보다는, 자신감을 가지고 일하는 게 훨씬 더 능력을 펼치기 좋은 환경이다. 이렇듯 리더에게는 조직 분위기와 문화를 긍정적으로 만들 책임이 있다.

특별한 문제가 발생하지 않았지만 리더가 나서야 할 때도 있다. 분명 수조롭게 조직이 돌아가고 있음에도 성과가 미진하거나 기대에 아예 못 미칠 때이다. 사실 사람이란 게 한결같이 열심히 하기는 힘들다. 지칠 때도 있고 슬럼프도 수시로 찾아온다. 누군가가 열심히 해도 다른 누군가가 나태해진 상태로 맡은 일을 다하지 못한다면 그 조직은 성장을 이루기 힘들다. 보통 사람이 나태해지는 이유는 동기 부여의 부족에서 오는 경우가 많다. 그래서 리더는 동기 부여의 달인이 되어야만 한다.

가장 좋은 동기 부여란 무엇일까? 그런데 사람마다 개인적 목표라는 게 다 다르기 마련이다. "당신의 성공을 위해, 행복을 삶을 위해 열심히 하라!"처럼 뜬구름 잡는 소리로 동기 부여가 가능하리라 생각하는 사람은 없을 것이다. 자신이 리더의 위치에 있다면 조직의 성과가 곧 자신의 성과로 이어지기에 열심히 하기 싫어도 열심히 하는 편이다. 하지만 팀원들은 다르다. 아무리 팀 분위기가 좋고 업무 환경이 편안하더라도 기대만큼 보상이 따르지 않다면 게을러지기 마련이다. 또한 복지가 형편없는데 일이 손에 제대로 잡힐 리 없다.

현대사회에서 성과의 극대화를 위해서는 리더의 개인 역량이 아닌, 팀 전체의 역량을 끌어올려야 한다고 했다. 이를 위해서는 성과가 발생했을 시 그 이익을 리더가 독식하는 것이 아니라 팀 전체가 골고루 누릴 수 있어야 한다. '열심히 하면 언젠가 당신도 잘될 것이다'가 아니라 '당신의 능력만큼 충분히 보상을 할 것이다'라고 똑똑히 약속하고 반드시 실행에 옮겨야 한다.

정말이지 어떤 리더들은 탐욕스러워 보일 정도로 자기 이익만 추구한다. 물론 자신은 배불리 잘 먹고 잘살 터이다. 하지만 직원들은 형편없는 복지 속에서 불행해질 것이다. 그러한 조직은 성장의 한계가 명확하고, 리더의 탐욕 때문에 발전은커녕 퇴보할 가능성이 높다. 수많은 동기 부여 가운데 명확한 인센티브만큼 효과적인 것은 없다. 팀 전체의 성과가 불만족스럽고 성장이 멈추어 있다면 리더는 이 부분을 체크하고 이익의 분배가 잘 이루어지고 있는지를 체크해 볼 필요가 있다. 이후 팀 전체가 어느 정도 만족할 만큼의 인센티브 제도가 정착됐다면 2차적인 동기 부여를 고려할 수 있다. 구성원 개개인의 인생 목표를 체크하고, 조직에 피해가 가지 않는 선에서 여력이 닿는 한 지원해 주는 것이다. 돈만 많이 준다고 전부가 아니다. 리더를 포함해 구성원 모두가 만족할 만큼 복지를 누리고, 원하는 꿈을 실현하고자 각자의 위치에서 매진하고, 그에 따라 성장이 뒤따르는 조직이 가장 이상적인 조직이다.

문제가 발생하면 누군가에게 책임을 묻는 것이 아니라 피해를 최소화하고 이를 기회로 삼아 더 단단한 조직을 만들어야 한다. 리더 개인의 능력으로는 성과의 극대화를 기대할 수 없다면, 구성원 개개인에게 명확한 동기 부여를 심어 주어 팀 전체의 역량을 끌어올려야 한다. 리더는 바로 이럴 때 앞장서라고 존재하는 사람이다.

다섯 번째, 리더는 아랫사람보다 더 멀리 내다본다.

이는 두말할 필요도 없이 리더가 꼭 갖춰야 할 능력이다. 굳이 리더가 아니라고 해도, 어떤 일을 하고 있든지 간에 '성공'하고 싶다면 멀리 내다볼 줄 알아야 한다. 그렇다면 왜 내다봐야 하는가? 간단하다. 지금 우리가 살아가는 시대는 인류 역사에 있어 그 어느 때보다 급변하고 있기 때문이다.

하루가 다르게 급변하는 시대는 한 치 앞도 분간할 수 없을 만큼 깜깜한 어둠 속과도 같다. 이는 성장에 방해가 될 뿐만 아니라, 알 수 없는 위험 요소가 도처에 도사리고 있다는 의미다. 이러한 상황 속에서 리더의 잘못된 판단 하나는 조직 전체에 돌이킬 수 없을 만큼 큰 피해를 준다. 구성원 개개인의 잘못에는 관대해도, 자신의 잘못에는 냉철해야 할 까닭이 여기에 있다. 그렇다면 더 멀리 내다보려면 어떻게 해야 할까?

맹인모상盲人摸象이라는 사자성어가 있다. 장님이 코끼리를 만지듯, 일부만 가지고 전체를 판단하는 어리석음을 뜻한다. 급변하는 시대 속에서 매 순간 중요한 판단을 해야 할 리더들도 코끼리 앞에 선 장님과 비슷한 상황에 놓여 있다고 할 수 있다. 비록 눈이 보이지는 않지만 앞에 있는 동물이 무엇인지 파악하기 위해서는 그 동물의 전체를 천천히 다 만져 보는 게 첫 번째 방법이다. 하지만 리더에게 주어지는 시간은 그리 길지 않다. 우물쭈물하다가는 결정적 기회를 놓치고야 만다. 리더라면 한두 번의 터치만으로 사물의 본질을 꿰뚫어 볼 줄 알아야 한다. 바로 이것이 '통찰洞察'이다.

사람들이 통찰에 관해 자주 하는 오해가 있다. 통찰은 직감直感에서 나온다는 것이다. 이는 완전히 틀린 말이다. 진정한 통찰은 직감이 아니라 '지식'에서 나온다.

다시 장님 코끼리 만지는 얘기로 돌아가 보자. 눈이 안 보이는 상태에서 코끼리를 만질 때 운 좋게 코를 만진다면 코끼리임을 바로 알 수도 있을 것이다. 그런데 그저 커다란 몸뚱이나 두꺼운 다리를 만진다면 무슨 동물인지 바로 알아챌 수 있을까? 코뿔소나 하마라고 착각할 수도 있다. 리더라면 '지상에서 가장 크고 기다란 코를 가진 동물'이라는, 코끼리에 대한 일반적 상식을 넘어 코끼리의 모든 특징을 속속들이 알고 있어야 한다. 코끼리의 외모에 대한 상세한 정보는 물론 피부의 감촉, 코끼리의 먹이, 하물며 잘 보이지 않는 곳에 있는 코끼리의 발톱과 이빨이 몇 개인지까지 파악하고 있어야 한다. 그렇게 방대한 정보가 바탕에 있어야만 짧은 시간에 이루어지는 통찰이 정답에 가까워질 확률이 더욱 높아진다.

멀리 내다보고 싶다면 통찰이 먼저다. 직감이 아니라 지식에 기반을 둔, 그래서 본질을 꿰뚫을 확률이 더욱 높은 통찰 말이다. 이렇게 한 치 앞도 구분하기 힘들 만큼 어지럽고 급변하는 환경 속에서는 눈앞에 직면한 문제와 의문들부터 차근차근 해결하고 밝혀 나가는 것이 순서다.

어렵게 얻은 지식은 없어지지 않고 머리에 남는다. 이러한 연유로 지식을 '쌓는다'고 표현한다. 더 멀리 내다보고 싶다면 지식을 높이 쌓아 올리고 그 위에 올라서야 한다. 평소에 리더는 전면에 나서면 안 된다고 했는데 뒤에서 띵까띵까 놀고 있으라는 소리가 아니다. 대열(조직)의 선두가 올바른 곳으로 나아가고 있는지를, 높은 곳에서 저 멀리 바라보며 체크해야 한다. 그리고 더 높은 곳에서 내려다보기 위해 적지 않은 시간을 디디고 올라설 지식을 쌓는 데 투자해야 한다.

그렇다면 어떤 지식을 쌓는 데 치중해야 할까? 지식 중에서 가치가 없는 게 있겠느냐마는 리더는 몸이 두 개라도 모자란 사람이다. 당장 쓸모없는 지식에 시간을 투자했다가는 그만한 시간 낭비도 없다. 우선 떠오르는 것은 최신 동향, 기술 정보, 고객 성향, 경쟁자 분석, 미래 예측 등 조직의 주력 사업과 관련된 정보들이다. 다른 지식은 몰라도 자신이 몸담은 분야에 대한 공부만큼은 게을리해서는 안 된다. 하지만 이것만으로는 뭔가 부족한 느낌이다. 무작정 지식을 쌓아 올리기만 하는 게 아니라 그 지식이 우리 내부에서 약동하고, 재창조되게 할 수는 없을까? 만일 올바른 통찰을 거듭하더라도 길이 보이지 않는다면 어떻게 할 것인가? 그냥 포기하고 말 것인가? 하나의 팀을 이끄는 리더로서 새로운 돌파구를 만들어 낼 수는 없을까?

21세기를 선도했던 리더들 중 진정으로 '혁명가'라 불릴 만한 사람은 누구 있을까? 단 한 명만 꼽으라고 하면 적지 않은 이들이 스티브 잡스Steve Jobs를 떠올릴 것이다. 잡스는 죽음을 몇 개월 앞둔 2011년 3월, 아이패드 2iPad 2를 소개하는 자리에서 자신의 전략에 대해 다음과 같이 소개한다.

"애플 제품에 담긴 DNA는 기술력만으로는 설명이 부족합니다. 거기에는 사람의 마음을 가슴 벅찬 노래로 가득 메우는 인문학이 결합돼 있습니다It is in Apple's DNA that technology alone is not enough—it's technology married with liberal arts, married with the humanities, that yields us the results that make our hearts sing."

애플 제품에 정말 인문학적인 감동 요소가 깃들었는지 아닌지는 알 수 없지만, 스티브 잡스는 실제로 인문학을 추종하는 사람이었다. 비단 잡스만이 아니다. 금융이나 IT 등 인문학과 별 상관없어 보이는 분야에서 잘나간다는 리더들도 철학, 문학, 역사학, 심리학 등 인문학을 향한 애정을 숨기지 않는다. 나날이 진보하는 과학기술 앞에서 한없이 작아만 보였던 인문학은 이제 개인 취향을 떠나, 성공을 염원하는 사람들이라면 필수적으로 공부해야 할 학문이 되었다. 따지고 보면 그렇다. 과학이니 기술이니 무엇이 되었든 결국은 인간의 삶을 위한 것이고, 인간에 대한 이해를 바탕으로 발전해 나간다. 자기 자신은 물론이요 타인, 그리고 세상 만물을 이해하고 사랑하고자 노력한 사람들이 인류 역사를 써왔고 현재의 문명을 이룩해 냈음을 상기想起할 필요가 있다. 그러니 리더로서 지식을 쌓아 올리는 데 인간에 대한 이해를 넓혀주는 '인문학'을 빼놓을 수 없다.

더 멀리 내다보기 위해서는 디디고 올라설 수 있을 만큼 튼튼한 지식의 탑을 쌓아야 한다. 그 지식은 한 치 앞을 내다보기 힘든 현실 속에서 눈앞을 환히 밝혀주고 길을 열어주는 통찰에 힘을 보탤 것이다. 동시에 인문학적 소양을 쌓으려는 노력도 병행되어야 한다. 단순한 지식이 위대한 영감靈感: 창조적인 일의 계기가 되는 기발한 착상이나 자극)으로 재탄생하도록 생명력을 불어넣어주는 것이 바로 인문학이기 때문이다. 멀리 내다보고 미래를 엿보는 힘은 바로 여기에 있다.

여섯 번째, 리더는 반성을 통해 발전하고 발전시킨다.

바로 앞에서 통찰을 강조했다면 이번에는 성찰省察이다. 성찰, 즉 반성이 중요한 이유는 성장 혹은 발전의 가장 기본적 토대가 되기 때문이다.

이따금 여유가 나면 온라인으로 바둑을 두곤 한다. 대세는 롤
(LOL: 전 세계적인 온라인 게임 League of Legends의 약칭)이라지만 나는 '아재'
답게 바둑이 적당하다. 바둑도 롤만큼이나 중독성이 강력한지라
한번 시작하면 끼니도 거르고 여러 판 두는 편이다. 괜히 신선놀
음이라고 했겠는가.

한창 바둑에 빠졌을 때, 더 이상 높은 급수로 올라가지 못하고
실력이 정체된 적이 있었다. 분명 어지간히 공부한 것 같은데 여
전히 제자리걸음이었다. 기력棋力이 안 오르니 짜증도 나고, 질리
기도 해서 나보다 고수인 아버지께 이유를 물어보니 이렇게 답하
셨다.

"너 복기는 하니?"

복기復棋는 바둑용어이지만 다른 분야에서도 빈번하게 쓰일
만큼 친숙한 단어로 "바둑에서 한 번 두고 난 바둑의 판국을 비평
하기 위하여 두었던 대로 다시 처음부터 놓아 봄."을 의미한다.

"복기는 왜요?"

"그러니깐 진 바둑 다시 둬 보냐고."

"진 건데 뭐하러 다시 둬요."

"이놈아, 그러니깐 실력이 안 늘지!"

어느 게임이든 다 그렇겠지만 진 경기의 복기는 다시 패배의
쓰라림을 맛본다는 점에서 꽤 고역스러운 일이다. 반면 이긴 판

은 복기하는 맛이 쏠쏠하다. '아, 여기서 내가 이렇게 둬서 이겼구
나. 역시, 나도 제법이란 말이야!' 이렇게 자기 잘난 맛에 빠져 혼
자 싱글벙글하게 된다. 우선은 아버지 말씀에 따라 꾸역꾸역 복
기하는 습관을 들이기 시작했다.

효과는 확실했다. 대국을 할 때는 너무 열을 올린 나머지 안
보였던 승부처가 차분한 마음으로 바라보니 한눈에 들어왔다. 그
리고 평소 소홀했던 부분이나 약점들을 명확히 파악할 수 있었
다. 복기를 거듭함으로써 대세점을 찾는 눈을 키우고, 약점을 보
완해 나가니 얼마 지나지 않아 제자리에 머무르던 급수도 차츰 올
라갔다.

리더십의 발휘는 스포츠나 게임의 승부와 비슷한 면모가 많
다. 기본기가 탄탄해야 하고, 경쟁자를 압도할 만한 강점도 있어
야 하고, 기복이 없어야 하고, 단번에 판세를 읽을 수 있는 혜안이
요구되며, 평소에는 일정 이상의 인내심이 필요한 반면, 승부처라
고 생각되면 누구보다 빠르게 행동에 나설 줄 알아야 한다. 바둑
기사만이 아니라 승부에 나서는 프로 선수라면 누구든 매번 패배
의 아픔을 곱씹으면서까지 복기에 매달린다. 복기를 통한 약점의
보완이 실력을 가장 빨리 키우는 방법이기 때문이다.

복기는 일종의 반성이다. 선수가 복기를 하듯, 리더 역시 반성
을 통해 발전을 도모해야 한다. 원하는 대로 팀 운영이 되지 않다
면 외부로 눈을 돌리기보다는 지금까지의 과정을 하나씩 복기하

며 문제가 무엇인지를 먼저 찾아야 한다. 반성이 없는 조직은 발전이 없다. 그리고 경쟁자들이 계속 실력과 성과를 늘려 나가는 상황 속에서 더 이상 발전이 없다는 것은 뒤처진다는 의미다. 그래서 리더의 반성이 그토록 중요하다.

가장 중요한 반성은 리더 자신에 대한 반성이다. 팀의 문제만이 아니라 자신에게는 어떠한 문제가 없는지 끊임없이 자문하고 파악하고 고쳐 나가야 한다. 여기서 한발 더 나아가, 리더는 반성을 넘어 매 순간 '각성覺醒'하는 존재여야 한다. 반성 후에 문제점이 발견되지 않더라도 늘 맑은 정신으로 깨어 있고 매사 경계하는 것이다. 더불어 깨우침을 통해 끊임없이 스스로를 갱신하고 발전을 도모해야 한다. 리더의 삶은 리더 개인만의 것이 아니다. 리더의 발전이 곧 팀 전체의 발전과 맞물려 있음에, 반대로 이야기하자면 리더의 퇴보는 팀 전체의 퇴보로 이어짐에 깊은 책임감을 가져야 한다. 반성을 넘어 각성으로, 그렇게 스스로를 채찍질하며 발전하고자 하는 열망이야말로 하나의 팀을 이끄는 자의 책임이다.

일곱 번째, 리더는 누구보다 절제할 줄 안다.

리더는 욕망이 없는 사람이어야 한다. 그런데 욕망이 없는 사람은 좋은 리더가 되기 힘들다. 이게 무슨 말인가 하면 리더는 욕망을 가져야 할 때와 버려야 할 때를 알아야 한다는 뜻이다. 성공을 간절히 원하는 리더에게 욕망은 성공의 원동력으로 작용하지만 성공한 후 그릇된 욕망에 사로잡힌다면 이는 리더 자신은 물론이고 조직 전체의 패배를 불러오게 된다. 리더는 자리의 무게감과 책임감과 중압감을 이겨내고 조직 전체를 이끌고 앞으로 나아가는 사람이다. 그렇기에 구성원들이 가지는 정도의 열정만 가지고는 아무것도 이룰 수 없다. 성공을 향한 강한 욕망과 이를 실행해 내고자 하는 의지가 있을 때 비로소 리더는 자신과 조직을 성공으로 이끌 수 있다.

문제는 성공적인 리더가 된 이후다. 리더로서 맡은 바를 해내면 그에 따르는 성과는 참으로 달콤하고 매혹적이다. 금전적인 보상은 물론이거니와 사회적 명망과 권력이 수중에 들어온다. 이때 욕망을 어떻게 관리하느냐에 따라 리더의 향후 운명이 결정된다. 우리는 좋은 리더 이야기를 시작하며 그 사례로 테오 엡스타인의 이야기를 살펴보았다. 엡스타인으로 시작한 좋은 리더의 자질은 또 다른 엡스타인의 이야기로 끝을 맺는다. 바로 2019년 8월, 감옥에서 스스로 생을 마감한 제프리 엡스타인Jeffrey Epstein이다.

뉴욕의 평범한 가정 출신인 제프리 엡스타인은 교사 생활을 하던 중 국제적인 투자은행이었던 베어 스턴스Bear Stearns로 스카우트되어 월가Wall街에 입성한다. 그는 베어 스턴스에 입사하자마자 뛰어난 수완을 발휘하며 고속 승진을 하고, 몇 년 후에는 따로 자기 소유의 회사를 차리기도 한다. 자수성가형 억만장자였던 제프리 엡스타인은 엄청난 재력도 재력이지만, 화려한 인맥으로 더욱 유명세를 탔다. 전현직 미국 대통령을 포함하여 전 세계 정재계와 연예계까지 그의 손길이 닿지 않은 곳이 없었다(기사 몇 개만 검색해도 입이 떡 벌어질 만한 인물들이 쏟아져 나온다). 하지만 끝없이 승승장구할 것만 같던 그는 뒤틀린 욕망 때문에 파멸의 길로 접어든다. 미성년자 성매매 혐의로 유죄 판결을 받고 징역을 살게 된 것이다. 비교적 짧게 형기를 마치고 풀려나온 제프리 엡스타인은 10년 후 동일 혐의로 체포되었고, 재판을 앞둔 시점에서 자살로 생을 마감한다. 그는 이제 이 세상에 없지만 논란은 여전히 현재 진행형이다. 정치 세력 간의 다툼과 맞물려 그의 인맥을 둘러싸고 추잡한 스캔들이 연일 터져 나오고 있다. 한 사람의 부도덕한 욕망 때문에 전 세계가 혼란에 빠진 것이다.

굳이 멀리까지 눈을 돌릴 필요도 없다. 국내 뉴스만 봐도 비슷한 사례가 넘친다. 정계, 재계, 연예계, 문화예술계 어디 하나 무풍지대가 없다. 하나같이 물욕, 색욕, 권력욕, 도박이나 마약 중독 등 과도한 쾌락과 욕망 때문에 벌어지는 일들이다.

리더가 커다란 성공을 거두었다면 이는 인정받아야 한다. 그 자리까지 오르고 그만큼의 성과를 내기까지 얼마나 많은 시간과 노력을 들였겠는가. 그에 걸맞은 보상은 당연하다. 하지만 리더로서의 진정한 검증은 성공 이후에 시작된다. 리더는 책임이 큰 자리라고 했다. 하물며 커다란 성공을 거둔 리더라면 자기 자신과 조직에 대한 책임을 넘어 '사회적' 책임까지 감수해야 한다.

'나는 그 정도 위치까지 오를 일이 없으니 그런 걱정은 안 해도 되지 않을까?' 생각할지 모른다. 하지만 조금이라도 권력이 손에 쥐어지면 필요 이상으로 욕심을 내는 게 사람의 마음이다. 정말 권력이라고 부르기도 민망할 수준의 지위로도 윗사람 행세를 하고 남들에게 피해를 끼치면서까지 이익을 탐하는 사람을 수없이 보게 된다. 그런 사람들은 리더로서 성공할 수도 없을뿐더러, 운 좋게 높은 자리에 오른다 해도 그 지위를 유지하기가 쉽지 않다. 혹여 실력이 뛰어나서 리더로서 성공을 거둔다 해도 욕심과 욕망만 채우려는 버릇을 버리지 못한다면 언제든 제프리 엡스타인처럼 나락으로 떨어질지 모를 일이다. 리더가 되고 안 되고를 떠나 평범한 사회생활 중 주변에서 가장 손가락질을 많이 받는 부류는 누구인가. 이기심이 도를 지나쳐 늘 자기 잇속만 챙기고 지적을 받아도 안하무인격眼下無人格으로 행동하는 사람들이다. 존중과 배려가 없는 욕망의 실현은 이렇듯 타인은 물론이요, 자기 자신에게도 해만 될 뿐이다.

무조건 금욕적으로 사는 게 좋은 삶이란 말은 아니다(우선 나부터도 싫다). 욕망이 없는 삶에는 생기가 없다. 욕망이 있기에 우리는 의욕적으로 행동에 나서고 누군가는 이를 바탕으로 성공을 거둔다. 하지만 리더가 되고자 한다면, 특히 누구에게나 존경을 받는 훌륭한 리더가 되고 싶다면 팀 운영만큼이나 자신의 욕망을 잘 다룰 줄 알아야 한다. 우선 불건전함과 반사회적인 요소가 사라지도록 욕망을 정제精製할 줄 알아야 한다. 리더는 남들보다 높이 있는 사람이고, 자연스레 다수의 시선에 들 수밖에 없으며, 그래서 타의 모범이 되어야 할 책임이 있다. 욕망을 펼침에 있어 최대한 긍정적이고 건강한 면을 드러내는 것이 리더의 자질이다. 다음은 능수능란한 욕망의 절제다. 아니다 싶으면 어느 때고 욕망을 거둬드리고, 나의 욕망 때문에 피해를 입는 사람이 나오지 않도록 주변을 보살펴야 한다.

지금까지 근래에 각광받는, 좋은 리더의 7가지 특징에 대해 살펴보았다. 아마 눈치가 빠른 사람들은 얼마 읽지 않고도 깨달았을 것이다. 좋은 리더의 특징이라고는 했지만 가만 보면 이 책에서 내내 강조한 어른의 품격들을 리더의 입장에서 조명했을 뿐이다. 좋은 리더가 되기 전에 우리는 모두 좋은 어른이 되어야 한다. 그리고 좋은 어른이 된다면 얼마든 좋은 리더가 될 수 있을 것이다.

미생에서 완생으로, 그리고 완벽한 승리자로

21

인간의 관점에서 타협과 양보는 곧 패배를 의미한다. 그리고 사람들은 보통 승리라고 하면 압도적인 승리를 먼저 떠올린다. 하지만 '완벽하게' 이기고 싶다면 압도적으로 이길 필요가 없다. 그저 아주 조금만 더 '확실하게' 이기면 될 뿐이다. 우리는 지금껏 수많은 대결을 해 왔고, 앞으로도 해 나가야 한다. 남들보다 '훨씬' 더 잘 살고 행복하고 싶은 욕망은 당연하지만 그 훨씬이란 것에 집착하여 스스로 승부를 망치는 우를 범하곤 한다. 또한 지금 우리 사회가 이토록 혼란스러운 까닭은 나 혼자만 잘 살고자 하는 개개인의 욕심에 있지 않은가. 인생과 무척이나 닮아 있다는 바둑에서 최선의 승리 비법은 타협과 양보라는 인공지능의 가르침을 우리 모두 가슴에 깊이 새겨야 할 시점이다.

바둑 인기는 날로 줄어들고 있지만 드라마 〈미생〉은 다시 많은 이들이 바둑에 주목하게 만들었다. 바둑 용어(이번 에피소드에 등장하는 바둑 용어들은 한국기원 홈페이지에 등재된 바둑 용어를 참조)인 미생未生은 "삶이 온전하지 않은 상태."를 의미한다. 개인적으로 바둑을 즐기는 편이라 드라마 또한 무척 즐겁게 보았다. 프로 입단에 실패한 장그래가 완전히 낯선, 그래서 더욱 냉혹한 회사생활 속에서 고군분투하고 뜻을 이뤄 나가던 모습은 단순히 보는 재미를 넘어 참 많은 깨달음을 주었다.

〈미생〉이 큰 인기를 얻었던 까닭은 그만큼 많은 시청자, 즉 실제 사회인들이 장그래와 그를 둘러싼 환경에 공감했기 때문이다. 실제로 많은 이들은 인생과 바둑이 비슷하다고 이야기한다. 나 역시 바둑을 두며 그러한 생각을 자주하곤 했다. 장기와 더불어 그 역사가 가장 오래된 게임이자 현재까지도 많은 이들에게 바둑이 사랑을 받는 이유에는, 인간의 삶과 유사한 면이 많다는 점도 있을 것이다. 우리네 인생처럼 늘 상황이 급변하고, 무척이나 치열하고, 수많은 순간 승부처에 직면하고, 이에 어떻게 대응하느냐에 따라 성공의 달콤함 혹은 실패의 쓰라림을 맛볼 수밖에 없는 곳이 바로 바둑판의 위, 즉 반상盤上이다.

우리는 삶을 살아가며 부득이하게, 피하고 싶어도 절대 피할 수 없는 승부의 순간과 맞닥뜨리게 된다. 그리고 승부의 결과는 개개인의 미래에 지대한 영향을 미친다. 인생과 바둑이 유사하다고 전제한다면, '위기에서 효과적으로 벗어나고, 맹렬하게 달려드는 상대에게 효과적으로 맞서고, 한 걸음 더 재빠르게 승리에 다가서는 승부 전략'을 바둑에서 배워 볼 수도 있을 것이다.

바둑인들 사이에서는 잘 알려진 열 가지 바둑 격언이 있다. 바로 "바둑을 두는 데 필요한 열 가지 요결을 북송北宋의 반신수潘愼修가 지어 태종太宗에게 헌상한" '위기십결圍棋十訣'이다. 반신수가 태어난 해가 937년이니 위기십결의 역사는 무려 천 년이 넘지만 지금까지도 바둑인들에게는 고전과 다름없는 격언으로 인정받고 있으며, 바둑계를 넘어 다양한 분야에서 '승부에서 이기기 위한 요령'으로 인용되고 있다. 우선 간단하게 위기십결의 열 가지 격언을 살펴보자.

1. 부득탐승(不得貪勝)

- 승리를 탐하면 이기지 못한다.

모든 일에는 순서라는 게 있다. 특히 승부의 세계에서는 전략이 필수다. 하지만 우리는 이기고자 하는 마음이 앞선 나머지 승부 자체를 그르치는 경험을 종종 한다. 의욕은 좋지만 과욕은 문제다. 진정으로 승리하고자 한다면 승리 이후의 기쁨에 미리 도취되지 말고, 치밀하게 전략을 세운 후 눈앞의 사안부터 하나씩 차근차근 해결해 나가는 게 우선이다.

2. 입계의완(入界宜緩)

- 상대의 세력에 뛰어들 때는 너무 깊게 뛰어들지 말고 완만하게 들어가라.

바둑을 두다 보면 필연적으로 상대방이 세력이 돋보이는 곳에 뛰어들어야 할 때가 있다. 그대로 내버려두면 모두 상대방의 집이 되기 때문이다. 현실 세계의 승부에서도 적진에 깊이 뛰어들어야 할 순간이 온다. 특히 치열하게 공방空房이 벌어질 때 상대의 의도를 더욱 정확히 파악하려면 그 사람의 마음속 깊이 들어가 봐야 한다. 승부를 다투는 상황에서 "당신은 지금 무슨 생각을 하고 어떤 의도로 그렇게 행동하나요?"라는 질문에 순순히 대답하는 사람은 없다. 오히려 분란만 발생할 뿐이다. 바둑에서도 마찬가지다. 상대방의 넓은 진영에 갑자기 깊숙이 침투하면 바로 전투가 벌어질뿐더러, 너무 깊이 들어갔다가는 도리어 그 돌이 잡혀 바로 패배로 이어질 가능성이 높아진다. 그러한 까닭에 침투보다는 최대한 안전하게 삭감削減을 해 가며, 상대 진영을 조금씩 허물어뜨려야 한다. 상대의 의도를 알아낼 때도 돌직구가 아닌, 완만한 변화구를 구사하며 대화를 이끌어야 한다. 그렇게 조금씩 상대의 마음을 허물면서 조금씩 의도를 파악해 내는 것이 바로 승부 호흡이다.

3. 공피고아(攻彼顧我)
- 상대를 공격하기에 앞서 자신의 허점을 살펴라.

상대의 약점을 집요하게 파고드는 것은 무척 효과적인 공격법이다. 하지만 나에게 약점이 더 많다면 아무 소용없는 일이다. "제 역량을 생각하지 않고, 강한 상대나 되지 않을 일에 덤벼드는 무모한 행동", 즉 당랑거철螳螂拒轍의 우를 범하지 않으려면 자신의 약점을 파악하고 보완해야 한다.

4. 기자쟁선(棄子爭先)
- 돌 몇 점을 버리더라도 선수를 잡아라.

승부의 세계에서 선수先手는 무척 중요하다. 바둑에서 백에게 6.5집의 덤을 주고 판을 시작하는 이유도 먼저 돌을 놓으며 게임을 시작하는 흑의 선수가 그만큼 위력적이기 때문이다. 계속 선수를 잡는다는 것은 주도권을 쥔다는 것을 의미한다. 현실에서도 눈앞의 작은 이득을 취하는 데 급급하다가 주도권을 내주고 일을 그르치는 사람들이 있다. 당장 조금 손해를 본다고 해서 승부가 바로 결정되지는 않는다. 작은 손해는 감수하고, 앞을 멀리 내다보며 주도권을 쥘 수 있어야 최종적으로 승리자가 될 수 있다.

5. 사소취대(捨小就大)
- 작은 것을 버리고 큰 것을 취하라.

뛰어난 승부사는 셈이 빠르다. 두 개 혹은 그 이상의 비교 대상 중 어떤 것이 나에게 더 큰 이익으로 다가올지를 빠르게 판단할 수 있어야 한다. 또한 당장의 이익도 중요하지만 후일의 가능성도 함께 돌아봐야 한다. 현대사회에서는 아주 작은 판단 착오에 의해 손익 계산서가 달라지고, 승부가 결정이 난다. 적어도 자신이 맡은 일에 대해서는 정확히 이해득실을 따져 소탐대실^{小貪大}^失하지 않는 것이 사회인으로서의 기본적인 능력이다.

6. 봉위수기(逢危須棄)
- 위험에 처해 있는 돌은 살리려고만 하지 말고 버릴 줄 알아야 한다.

바둑을 둘 때 자기의 모든 돌을 살릴 수는 없다. 작은 미생마가 잡히는 일은 빈번하고 때로는 대마(大馬: 넓게 자리 잡은 돌의 무리)가 잡히기도 한다. 그렇다고 해서 승부가 바로 결정되는 것은 아니다. 죽을 위험에 놓인 말을 활용하여 얼마든지 판을 승리로 이끌

수 있다. 하지만 이는 고수들의 이야기고, 대부분의 하수들은 미생마든 대마든 자기 말이 위기에 처하면 욕심을 부리며 모든 말을 살리려고 발버둥을 치다가 자멸하고 만다. 위기의 순간 시야가 좁아져 눈앞에 보이는 것에만 집착하기 때문이다. 경험이 부족한 사회 초년생들은 의욕이 과한 나머지 한 번에 두 마리, 아니 여러 마리 토끼를 잡으려다가 스스로 위기를 자초한다. 모든 일에는 경중輕重이란 게 있다. 여러 업무를 한꺼번에 해결하여 자신의 능력을 뽐내고 주변에서 인정을 받을 수도 있겠지만, 우선은 주요 업무 먼저 전문가처럼 능숙하게 해낼 수 있어야 한다. 과욕을 배제하고 경중에 따라 업무를 하나씩 장악해 나가는 것이 업무의 고수, 즉 베테랑의 길로 들어서는 가장 빠른 길이다.

7. 신물경속(愼勿輕速)
- 속단하여 쉽게 두어 나가지 말고, 신중히 생각하여 착점을 하라.

바둑을 배울 때 제일 많이 듣는 말 중 하나가 "손 가는 대로 두지 마라."이다. 운에 맡기거나 감에 의존하여 돌을 놓는 우를 범하면 안 된다는 말이다. 프로 기사들은 되도록 많은 경우의 수를 머릿속에 떠올리고 철저히 분석하여 매번 최선의 수를 놓는다. 사회생활도 다르지 않다. 자신의 미래가 달린, 중요한 선택의 순간을 운과 감에 맡겨서는 안 될 일이다.

8. 동수상응(動須相應)

- 돌을 움직일 때는 주위의 돌과 호응해야 한다.

바둑에서 승리하고자 한다면 최대한 적게 돌을 놓으면서 집은 크게 만들어야 한다. 즉 '효율'을 극대화하는 게임이다. 그러한 까닭에 돌들이 놓인 간격이나 전반적인 모양이 무척 중요하다. 단 한 수를 놓더라도 의미를 부여하고, 주변에 있는 나의 돌들과 어떻게 호응을 시킬지 고민하고, 그렇게 돌의 낭비를 최대한 줄여야 한다. 성공으로 나아가는 길, 우리 앞에는 수많은 장애물들이 놓인다. 특히 게으름, 불필요한 욕망, 덧없는 관계 맺기 등의 '비효율적인 행위'들이 문제가 된다. 의미 없는, 비효율적인 행동을 일삼는다면 성공은 말 그대로 언제까지나 꿈일 뿐이다.

9. 피강자보(彼强自保)

- 상대가 강한 곳에서는 자신을 보강하는 것이 기리(棋理: 바둑이나 장기 따위에서, 수의 좋고 나쁨을 판단하는 이치)에 맞다.

하수들이 가장 많이 하는 실수 중 하나가 미생마를 내버려두는 것이다. '저 정도면 충분히 살 수 있겠지.'라며 방심했다가 상대에게 허를 찔려 미생마를 몰살시킨다. 이 방심이란 것을 사회생활에 적용하면 '나태와 자만'이라고 할 수 있다. '이 정도면 충분히 내 할 몫은 하고 있겠지.'라고 방심했다가는 순식간에 경쟁자들에게 밀려나고 만다. 사회생활에 '적당히'란 없다. 늘 부족한 부분을 찾아 보강하고, 지금보다 더 발전하려 노력해야만 한다.

10. 세고취화(勢孤取和)

- 세력이 빈약한 경우, 분란을 일으키려 하지 말고 타협을 하는 것이 우선이다.

아직 지지 기반이 불안정함에도 자기 능력만 믿고 드세게 행동하는 사람들이 있다. 자신감이 넘치는 건 좋지만, 자신을 지지하고 자신에게 힘을 보태줄 인맥의 기반이 없다면 힘들게 쌓아 놓은 성과는 덧없이 무너져 내리고 만다. 이 책을 통해 내내 이야기한, 어른다운 어른은 능력 쌓기만큼이나 관계 맺기에 소홀하지 않는다는 사실을 다시 강조하고 싶다.

위기십결을 통해 살펴본 바와 같이 바둑과 인생은 유사한 점이 많고, 이 승부 전략들은 분명 우리가 성공적인 사회생활을 해나가는 데 있어 참조해 볼 만하다. 위기십결은 바둑인들에게는 하나의 '정석적'인 전략으로 취급된다. 하수들의 경우 이 위기십결을 기본 마인드로 두고, 열심히 '정석定石' 공부만 해도 어렵지 않게 바둑 실력을 끌어올릴 수 있다. 바둑에 정석이 있듯, 우리 삶에도 정석이 있다면 그 내용은 무엇일까?

몇 년 전 바둑계를, 아니 전 세계를 충격에 빠트린 이벤트가 벌어졌다. 당시 최고의 프로 기사이자 불세출의 천재 이세돌과 구글 딥마인드DeepMind 사에서 개발한 인공지능 바둑 프로그램 알파고Alphago의 대결이었다. 대결 전까지만 해도 바둑계와 나를 포함한 거의 대부분의 바둑인들은 이세돌 프로의 낙승을 예상했다. 아예 코웃음을 치는 사람들도 무척 많았다. 하지만 국내외 인공지능 전문가들은 쉽지 않은 대결이 될 거라며 조심스러운 전망을 던졌고, 극히 일부에서는 오히려 인공지능이 압도할 거라고까지 했다. 나 역시 세계 최대의 IT기업이 자신만만하게 100만 달러나 걸고 승부를 신청했다는 점이 왠지 모르게 마음에 걸렸고, 그 불안은 현실이 됐다.

첫 번째 판, 두 번째 판, 그리고 세 번째 판까지. 이세돌 프로는 힘 한 번 제대로 못 써 보고 속수무책으로 패배했다. 말 그대로 충격의 도가니였다. 충격을 넘어 일각에서는 조만간 영화처럼 인간이 슈퍼컴퓨터의 지배를 받는 세상이 오지 않을까 하는 공포감마저 조성됐다. 판이 거듭될수록 바둑인들만이 아닌, 바둑을 전혀 모르는 사람들까지 인간 대표 이세돌 프로를 응원하고 나섰다. 전 인류(?)의 간절한 바람이 이루어져서일까? 이세돌 프로는 네 번째 판에서 신의 한 수가 된 78수 이후로 승기를 잡고 힘겹게 첫 승리를 따냈다. 하지만 마지막 판은 다시 내주면서 최종 스코어 4 대 1, 알파고의 완승이었다. 이 세기의 이벤트는 두 번의 충격을 주었다. 예상과 전혀 다르게 알파고가 게임을 주도한 것과 그런 알파고를 상대로 이세돌 프로가 한 판이라도 이긴 것이다.

알파고의 등장 이후 우후죽순으로 관련 분야 연구가 이루어졌고, 다른 인공지능 바둑 프로그램들이 속속 공개됐다. 그 결과는 놀라웠다. 인간계에서 제일 잘 둔다는 프로 기사들은 알파고만이 아니라, 새로 개발된 인공지능들에게도 매번 허무하게 무릎을 꿇은 것이다. 현재는 프로 기사들도 인간 사이의 대결보다는 인공지능을 공부하며 실력을 향상시키는 데 주력하고 있다.

알파고를 위시한 인공지능 바둑 프로그램의 등장이 더욱 충격적이었던 까닭은 인간의 오만과 한계를 절실히 깨닫게 했다는 데 있다. 그 극명한 증거가 바로 수백 년, 수십 년간 바둑계에서 당연하게 여겨져 온 정석의 폐기廢棄였다. 수많은 정석들이 그렇게 순식간에 무용지물이 되어 사라져 버렸고, 이제는 인공지능이 제시하는 새로운 정석을 인간들이 바둑에서 그대로 사용하는 시대가 되었다. 기술이 얼마나 무서운지, 기술 앞에서 인간은 또 얼마나 무기력한 존재인지를 그렇게 뼈저리게 깨닫고 있다.

그렇다고 해서 바둑계의 고전인 위기십결도 쓸모없다는 말은 아니다. 인간은 아주 오래전부터 바둑으로부터 인생의 유사점을 찾아왔고, 이를 실제로 적용하기 위해 노력했다. 위기십결은 그 노력의 산물이며, 여전히 하나의 성공 전략으로 참조하기에 충분한 가치를 지니고 있다. 인공지능 바둑이 위기십결과 비슷한 양상을 보인다는 점에서도 여전히 인정을 받을 만하다.

다만 우리가 지금껏 정석 혹은 정도正道라고 믿었던 것을 무조건 맹신해서는 안 된다. 정석이란 것을 참조는 하되 더 나은 결과를 낼 수 있는 방법을 찾아내려는 노력을 멈추지 말아야 한다. 물론 인공지능에게 위기십결을 새로 만들어 달라고 하면 편하겠지만 프로 기사들조차 인공지능이 놓는 수들을 완전히 분석하지는 못한다. 그저 인간이 아는 지식 안에서 '자의적인 해석'만 가능할 뿐이다. 그러니 정말 인간처럼 대화가 가능한 인공지능이 개발되지 않는 한 인공지능이 제시하는 위기십결은 만들어지지 못할 것이다.

하지만 여러 바둑 전문가들의 의견을 종합해 볼 때, 알파고와 인간들의 바둑에서 하나 배울 만한 점을 발견할 수 있다. 바로 '타협'의 힘이다. 알파고는 이세돌 프로와의 대국, 그 이후 바둑 사이트에서 최고 수준의 프로들과 펼친 60판의 대국, 그리고 인간과의 마지막 대결이었던 중국 1인자 커제柯洁 프로와의 대국에서 한 판을 제외하고 모조리 승리했다. 알파고의 가장 큰 장점은 바로 정밀한 계산력을 바탕으로 한 타협 능력이었다. 인간의 관점에서 볼 때 '승부처에서 전투를 최대한 피하고 타협을 하는 모습'을 보인 것이다. 특히 승부가 완전히 기운 시점에서는 타협을 넘어 '이러다가 역전 당해서 지는 거 아냐?' 싶을 정도로 알파고는 엉뚱한 곳에 돌을 두며 상대에게 '양보'를 했다. 상대를 압도하는 것이 아니라 상대보다 아주 조금만 더 유리해질 수 있다면 쓸데없는 싸움을 피해 타협을 도모하고, 승리를 목전에 둔 순간에는 일말의 분란도 일으키지 않고 가장 안전히 승리하기 위해 너그러이(?) 양보하는 모습을 보였다. 인간의 관점에서는 이해가 안 가는 장면들이었지만, 따지고 보면 알파고는 그저 바둑이란 게임의 본질에 가장 충실했을 뿐이다. 바둑에서 승리하려면 상대방보다 한 집도 아니고 딱 '반 집'만 집이 더 많으면 된다. 알파고는 더 많이 이기는 것이 아닌, '확실하게' 반 집 이기기 위해 '타협과 양보'를 거듭하며 대부분의 대국에서 승리를 거두었다.

이는 시사하는 바가 크다. 인간의 관점에서 타협과 양보는 곧 패배를 의미한다. 그리고 사람들은 보통 승리라고 하면 압도적인 승리를 먼저 떠올린다. 하지만 '완벽하게' 이기고 싶다면 압도적으로 이길 필요가 없다. 그저 아주 조금만 더 '확실하게' 이기면 될 뿐이다. 우리는 지금껏 수많은 대결을 해 왔고, 앞으로도 해 나가야 한다. 남들보다 '훨씬' 더 잘 살고 행복하고 싶은 욕망은 당연하

지만 그 훨씬이란 것에 집착하여 스스로 승부를 망치는 우를 범하
곤 한다. 또한 지금 우리 사회가 이토록 혼란스러운 까닭은 나 혼
자만 잘 살고자 하는 개개인의 욕심에 있지 않은가. 인생과 무척
이나 닮아 있다는 바둑에서 최선의 승리 비법은 타협과 양보라는
인공지능의 가르침을 우리 모두 가슴에 깊이 새겨야 할 시점이다.

대(大) 결핍 시대

22

트렌드가 돼 버린 경제적 결핍과 인격적 결핍. 이제는 이 결핍의 시대를 끝내야 한다. 우리 자신을 위해서라도, 이 세상을 물려받을 후대를 위해서라도 가장 먼저 해야 할 일이다. 그리고 결핍의 시대를 끝낼지 말지는 정부나 기업, 단체나 학자가 아닌 바로 우리 개개인의 '손'에 달려 있다.

'대★ 결핍' 시대다. 빈부 격차, 즉 경제적 불평등은 대한민국 사회만이 아니라 근 몇 년간 전 세계에서 가장 핫한 이슈로 떠올랐다. 분명 정치계를 비롯한 각계각층에서 빈부 격차의 해소를 위해 노력하고 있지만, 그 노력을 일반 사람들이 체감하기는 쉽지 않다. 가지고 싶은 것을 모두 가지지는 못하더라도 그저 인간답게 살기 위해 필수적으로 가져야 할 것들이 있는데, 실제로 손에 쥐이는 것은 너무 적다. 어른이 되면 다 가지고 다 해낼 것만 같았는데, 과연 그런가? 어른이 되니 가지고 싶은 것은 더 많아졌는데 능력은 따라주지 않는다는 생각에 우리는 번번이 좌절한다.

지금이 대 결핍 시대인 또 하나의 이유가 있다. 오직 자신의 권익을 위해 멋대로 행동하는 사람들. 정도를 넘어 타인의 삶을 짓밟는 사람들. 아예 서슴없이 죄를 저지르는 사람들. 차마 어른이라고 부를 수 없을 만큼 '인격이 결핍'된 사람들이 더욱 승승장구하고 세상을 주도하고 있기 때문이다.

경제적 결핍과 인격적 결핍이 만든 대 결핍의 시대. 이제는 끝내야 한다. 우리 자신을 위해서라도, 다음 세대를 위해서라도 가장 먼저 해야 할 일이다. 그리고 결핍의 시대를 끝낼지 말지는 정부나 기업, 단체나 학자가 아닌 바로 우리 개개인의 '손'에 달려 있다.

우리는 빈손으로 태어난다. 어린 시절에는 부모님이 그 빈손에 흙수저든 금수저든 숟가락을 쥐여 주었고, 학창 시절에는 선생님이 교과서를 쥐여 주었다. 하지만 성인이 된 이후에는 다르다. 무엇을 쥐고 어떻게 살아갈지는 오로지 성인이 된 자신의 선택과 결정이다. 이것이 어른만이 가질 수 있는 '특권'이다. 팔짱만 끼고 이 불행한, 결핍의 시대를 그저 방관한다면 우리는 스스로 그 특권을 포기하는 것이다. 당신과, 당신이 사랑하고 당신을 사랑하는 가족들 그리고 이웃들과, 이 세상 전체의 행복은 바로 당신의 손에 달려 있다. 당신은 그만큼 특별하고 위대한 존재다.

사람들은 행복을 돈으로 환산할 수 있다고 굳게 믿는다. 하지만 그 믿음이 이 결핍의 시대를 만들었고, 적지 않은 사람들이 충분히 행복하게 살고 있거나 살 수 있음에도 '나는 지금 불행하고, 행복해지지 못할 거야.'라는 우울한 생각 속에서 하루하루를 보내고 있다. 하지만 우리는 지구상에서 가장 똑똑한 동물이며, 재력이나 권력의 유무와 상관없이 신체적 성장이 멈춘 후에도 얼마든 정신적인 성장을 이뤄 낼 수 있다. 이를 바탕으로 나와 타인, 사회 전체의 행복을 추구하는 것이 '스스로가 특별하고 위대한 존재임을 증명하는, 이 결핍의 시대를 종식시키는 최선의 방법'이다.

지금 자신이 한없이 유약한 존재처럼 느껴질지라도 절대 포기하지 마라. 우리는 전혀 늦지 않았다. 정신적 성장을 통해 어른다운 어른으로 거듭나겠다고, 진심으로 행복해지겠다고 마음을 먹고 행동으로 나서고자 하는 지금이야말로 진정한 시작이다. 이제 그 출발선에서 막 걸음을 떼려는 당신에게 이 책이 작은 격려와 용기가 되어 주기를 기대해 본다.